Stathis Balias
Ioannis Kamarianos

Universidade, Economia e Democracia: transformações e desafios

Stathis Balias
Ioannis Kamarianos

Universidade, Economia e Democracia: transformações e desafios

O caso da Grécia

ScienciaScripts

Imprint
Any brand names and product names mentioned in this book are subject to trademark, brand or patent protection and are trademarks or registered trademarks of their respective holders. The use of brand names, product names, common names, trade names, product descriptions etc. even without a particular marking in this work is in no way to be construed to mean that such names may be regarded as unrestricted in respect of trademark and brand protection legislation and could thus be used by anyone.

Cover image: www.ingimage.com

This book is a translation from the original published under ISBN 978-3-659-88833-5.

Publisher:
Sciencia Scripts
is a trademark of
Dodo Books Indian Ocean Ltd. and OmniScriptum S.R.L publishing group

120 High Road, East Finchley, London, N2 9ED, United Kingdom
Str. Armeneasca 28/1, office 1, Chisinau MD-2012, Republic of Moldova, Europe
Managing Directors: Ieva Konstantinova, Victoria Ursu
info@omniscriptum.com

Printed at: see last page
ISBN: 978-620-8-56410-0

Stathis Balias, Ioannis Kamarianos, Pandelis Kiprianos e Georgios Stamelos

Stathis Balias é Professor Associado na Universidade de Patras (Grécia). Os seus interesses de ensino e investigação centram-se na Teoria da Democracia, Cidadania, Direitos Humanos e Educação para os Direitos Humanos. Tem publicações em grego, inglês e francês.

Ioannis Kamarianos é Professor Assistente na Universidade de Patras. Os seus interesses académicos incluem a desigualdade social em questões relacionadas com o processo educativo e a Sociologia do Ensino Superior. Publicou artigos em revistas, capítulos de livros, recensões em grego e inglês e livros.

Pandelis Kiprianos é professor na Universidade de Patras. Publicou artigos e livros sobre a História da Educação na Grécia e sobre a Sociologia da Educação nas minorias étnicas. Os seus actuais interesses de investigação centram-se na Sociologia das Políticas do Ensino Superior.

Georgios Stamelos é professor na Universidade de Patras. Os seus domínios de interesse são a política do ensino superior e a política europeia de educação. Tem publicações em grego, francês, inglês e espanhol.

"Os terroristas passaram pelos nossos sistemas escolares"

O Presidente da Comissão Europeia, Juncker, salienta que os terroristas da Europa não foram importados do exterior. Eles cresceram cá.

"Os terroristas estão a ser perseguidos pelos nossos sistemas escolares".

O Presidente da Comissão Europeia, Jean-Claude Juncker, afirmou que os terroristas europeus não foram importados do exterior. Eles estão aqui para serem apanhados.

"Os terroristas estão a passar pelos nossos sistemas escolares".

O Presidente da Comissão da UE, Juncker, afirma que os terroristas europeus não foram importados do exterior. Estão a ser cultivados aqui.

(DIE WELT, 24/03/2016).

Conteúdo

Introdução

O século XXI caracteriza-se por grandes mudanças na economia e na sociedade. Estas mudanças estão a ocorrer num mundo que evolui a grande velocidade no quadro da globalização e da economia do conhecimento, influenciando a forma como percebemos e compreendemos várias instituições como a universidade. De facto, parece que, para a universidade, as suas relações com a economia, a sociedade, o Estado e o conhecimento estão a mudar (Slaughter e Rhoades, 2004; David *et al.,* 2011). Em consequência, a universidade foi colocada no centro da investigação especializada, na medida em que lhe foi atribuído um papel importante num mundo aberto, mutável e competitivo. Por um lado, a universidade está a abrir-se, em primeiro lugar, a novos grupos populacionais que até agora não tinham acesso a ela e, em segundo lugar, está a transformar-se numa instituição de aprendizagem ao longo da vida, recebendo um público diferenciado em termos de idade e de necessidades. Esta evolução está ligada a uma antiga reivindicação relativa à democratização do ensino superior. Trata-se de um avanço significativo. Por outro lado, a massificação da universidade é justificada pelas exigências da economia baseada no conhecimento e, consequentemente, está ligada de forma ainda mais estreita e unidimensional ao discurso dominante da economia de mercado e às políticas dominantes que o implementam, baseadas no dogma económico neoliberal. A massificação, por um lado, e a suserania da economia, por outro, pressionam a universidade a reorganizar-se e a reformar-se. A insuficiência dos financiamentos públicos, consequência das políticas predominantes que restringem o Estado-Providência e os recursos públicos, a massificação, a transformação da instituição numa agência de formação ao longo da vida, bem como a crise económica que assola certos países, como a Grécia, têm uma influência significativa nesta situação. Consequentemente, as universidades estão a voltar-se para fontes alternativas de financiamento, a fim de garantir a sua sobrevivência. Trata-se de uma mudança que as orienta para a procura de respostas às necessidades de uma economia baseada no conhecimento.

Os factores acima referidos, que têm a ver com a universidade e o seu ambiente externo, têm consequências decisivas no interior da universidade. Com efeito, uma questão central revelou-se a governação universitária. A principal exigência é a sua eficácia. Esta exigência reforça a sua legitimidade face à crítica de que a governação universitária era democrática e, por conseguinte, ineficaz. Cria-se assim um dilema paradoxal: democracia ou eficácia? Neste dilema, parece que a balança pende para a eficiência e, assim, a discussão sobre a liderança como motor de mudança[1] , condensa-se num modelo em que a participação dos estudantes é reduzida ao mínimo, se não mesmo completamente extinta, e a participação dos professores é drasticamente restringida. Em contrapartida, entram na governação os gestores profissionais provenientes do mercado e as partes interessadas, na qualidade de peritos e de expressão das necessidades da economia. Trata-se de uma mudança radical na governação da universidade que, segundo se crê, a colocará em melhor sintonia com as necessidades da economia e, por extensão, assegurará a sua sobrevivência.

Ao mesmo tempo, na Europa, temos o processo de criação do Espaço Europeu do Ensino Superior (EEES). Trata-se de um processo que é reivindicado por muitos actores, cada um em função dos seus próprios interesses, pelo que se destaca como um campo de conflitos, de concorrência, de contradições, mas também de negociações e compromissos. O que é certo é que se cria um sistema complexo de governação em que os contextos supranacional, nacional e intranacional coexistem e tentam influenciar a organização e o funcionamento da universidade. Consequentemente, a universidade é chamada a reformar-se numa paisagem nebulosa em que, consoante o interlocutor, tem de pensar a nível supranacional, nacional ou intranacional.

Apesar disso, existem lógicas e políticas dominantes no EEES que são coerentes com as políticas globais dominadas pela lógica da economia de mercado. É claro que, no caso do EEES, parece que ainda existem potências significativas, embora certamente minoritárias, que se inclinam para uma abordagem mais equilibrada, enfatizando a dimensão social dos estudos e considerando mesmo a universidade como uma responsabilidade pública.

O EEES é também útil como *analista* das contradições que o configuram, contradições que revelam os limites da visão unidimensional da relação entre universidade e mercado. De facto, esta relação, para existir, requer uma economia robusta com grandes empresas globalizadas ou áreas alternativas com vantagens comparáveis como a língua (inglesa). Tais países existem no continente europeu (Alemanha, Reino Unido, etc.). Em contrapartida, em países como a Grécia o modelo anterior não pode funcionar na medida em que não tinha nem uma grande economia nem grandes empresas e hoje a crise económica que o país atravessa torna sem sentido a discussão sobre a relação universidade (massificada) - economia de mercado.

A questão do desfasamento entre o discurso político dominante globalizado e/ou

[1] http://www.oecd.org/edu/imhe/IMHEinfos Jult12 PT%20-%20web.pdf (recuperado em 26/2/2016)

europeu e a realidade grega esconde uma questão ainda mais importante. As universidades gregas, na sua tentativa de se alinharem com o discurso dominante do mercado, negligenciam outras missões atribuídas à universidade, como a difusão de valores e ideias relacionadas com os direitos humanos, a cidadania ativa e a democracia. Assim, os seus diplomados, que entram num mercado de trabalho atrofiado e numa sociedade desorganizada devido ao desemprego elevado, não têm contrapesos para fazer face à situação que são chamados a negociar. O resultado é que transformam o problema da falta de perspectivas num problema de falta de confiança nas instituições democráticas, uma vez que estas não as protegem. Assim, como têm uma educação unidimensional e não dispõem de contra-argumentos adequados, são levados a exprimir o seu descontentamento através de opções políticas e sociais extremas. A crise de confiança na democracia, que exprime uma falta de perspectivas sobretudo para a nova geração, parece ser um problema europeu generalizado. Na Grécia, manifesta-se através da ascensão de formações neonazis. Noutros países, exprime-se através da amplificação das organizações terroristas. Em todos os casos, temos a recente declaração de Jean Claude Junker, presidente da Comissão Europeia, que, numa entrevista comum aos jornais europeus *Die Welt, La Repubblica, El Pais, Le soir, Le Figaro, La Tribune de Genève* e *Der Tagesanzeiger*, em 24/3/2016, referiu que "os terroristas passaram pelos nossos sistemas educativos... passaram pelas nossas escolas e participaram ativamente na nossa vida social".

O caso grego é significativo porque mostra as contradições nas prioridades da política dominante. O ensino superior grego cresceu gradualmente desde o início do Estado grego, e com objectivos que sempre serviram as necessidades do Estado. No último período histórico, (1974-2009), a principal exigência social era a "democratização" do ensino superior, no sentido da massificação do acesso ao mesmo. Esta expetativa social foi concretizada pelas universidades gregas e, assim, durante cerca de 30 anos, houve alguma harmonia entre as expectativas sociais e a política educativa. A partir dos anos 90, com o desenvolvimento das políticas europeias e, mais tarde, do EEES, o ensino superior grego teve de se adaptar às opções e prioridades europeias mais gerais. A crise revelou as contradições das políticas aplicadas.

No entanto, a partir daqui começa uma nova discussão, que tem a ver com as consequências da ligação unidimensional da universidade ao mercado. Esta ligação parece ter sérias implicações na preparação dos licenciados de amanhã para responderem às necessidades do funcionamento das instituições e, em última análise, à necessidade de defender a democracia.

E, no entanto, o Conselho da Europa preparou-nos para isso com uma série de acções. É claro que o Conselho da Europa pode atuar como "consciência europeia", mas, por outro lado, não tem os mecanismos ou a autoridade que o ajudariam a implementar o seu trabalho. Apesar disso, o Conselho da Europa fornece-nos todo o material teórico que nos permite compreender que o enfoque unilateral nas necessidades do mercado, o dilema paradoxal "eficiência ou democracia" e a marginalização dos valores morais e das competências para a função democrática da sociedade nos conduzem àquilo que o Presidente Junker admitiu.

O principal objetivo deste livro é, em primeiro lugar, realçar os impasses do enfoque unilateral no mercado e, em segundo lugar, defender a necessidade de redefinir a universidade como um pilar de apoio à democracia. E, como consequência, enfatizar a necessidade de equilíbrio entre a visão e a missão da universidade.

Com base na problemática acima descrita, este livro tentará abordar os principais problemas que a universidade atual enfrenta, principalmente no espaço europeu, dando ao mesmo tempo uma imagem mais particular dos problemas da universidade grega e do ensino superior grego.

No primeiro capítulo, analisamos as mudanças que a instituição universitária sofreu, ao nível do financiamento, da massificação e, principalmente, da governação, com destaque para a sua evolução do modelo de governação partilhada para um modelo de gerencialismo. Esta evolução foi acompanhada por mudanças na sua administração que se traduziram numa redução da participação na governação do pessoal não docente e dos estudantes e num aumento correspondente da participação de representantes externos à universidade, especialmente do mundo empresarial, o que teve consequências negativas tanto para o seu funcionamento democrático como para a sua governação eficiente. Por último, analisamos a participação dos estudantes nos órgãos de governo da universidade tanto como uma questão relativa ao funcionamento democrático da instituição como uma questão da sua educação e formação como cidadãos activos.

No segundo capítulo, centramo-nos na tentativa de criar o Espaço Europeu do Ensino Superior através do Processo de Bolonha, e nos objectivos que estabeleceu, nos problemas, nas contradições e na sua unilateralidade, principalmente no que diz respeito à ênfase nas prioridades económicas, como a profissionalização dos licenciados e a correspondente desvalorização do desenvolvimento dos valores democráticos. Ao mesmo tempo, tentamos analisar a sua influência no ensino superior grego e a forma como este adaptou os objectivos do esforço às suas próprias particularidades. Mais especificamente, analisamos os problemas, as contradições e as dificuldades da universidade grega em adaptar-se aos objectivos do Processo de Bolonha para a criação do EEES, examinando as particularidades e caraterísticas do Ensino Superior grego. Apontamos sobretudo a dificuldade da universidade grega em adaptar-se a um modelo que é radicalmente diferente tanto ao nível da sua relação com o mercado de trabalho, como ao nível da sua democratização, que, devido à retórica política e às expectativas sociais que esta cultivou, significa em primeiro lugar o acesso em massa ao ensino superior e só em segundo lugar o seu funcionamento interno.

O terceiro capítulo centra-se exclusivamente na universidade grega, na sua formação nas últimas décadas e na sua democratização, que se centra, em primeiro lugar, na sua massificação e, em segundo lugar, na adoção de um modelo de governação mais democrático. Analisamos também o desfasamento entre a universidade e o mercado de trabalho, que, devido à sua reduzida dimensão em relação ao número de estudantes, conduz a um elevado desemprego de licenciados. Neste contexto, a viragem da universidade grega para a economia parece inútil, ao mesmo tempo que emerge a questão do seu financiamento, que se intensifica com a crise económica. Assim, fica demonstrada a relação problemática da universidade grega com a economia e com o novo modelo de governação, que, sobretudo em tempo de crise económica, se revela disfuncional e ineficaz.

No quarto capítulo, examinamos o papel da universidade do ponto de vista das acções do Conselho da Europa, com o objetivo de mostrar, em comparação com as políticas da União Europeia, a necessidade do crescimento de uma cultura democrática através da educação e, especialmente, através da universidade. Partindo da constatação de que a universidade na Europa, principalmente no contexto do Processo de Bolonha, não desempenha satisfatoriamente o seu papel de apoio à democracia e aos seus valores, mostramos o significado das acções e da filosofia do Conselho da Europa para uma democracia sustentável, entendida como um ato educativo. O que deve ser notado, no entanto, é que o conceito de democracia sustentável contém, de forma profundamente interdependente, uma dimensão valorativa e social. Por fim, examinamos o exemplo da universidade grega, constatando fraquezas significativas no que respeita ao cultivo de uma cultura democrática, tal como é entendida pelo Conselho da Europa.

No último capítulo, afirmámos a necessidade de uma universidade que sirva não só a economia, mas que, ao mesmo tempo, apoie a democracia e os seus valores. Enquanto instituição de produção e utilização do conhecimento, acreditamos que a universidade pode contribuir decisivamente para a sustentação da democracia na sociedade, desde que se democratize através do desenvolvimento de um ethos democrático e de um espírito crítico. Para evidenciar a importância da democratização da universidade, fazemos uma abordagem crítica da sua relação com o mercado, chamando a atenção, em primeiro lugar, para a sua importância para a democracia e, em segundo lugar, para o seu carácter unilateral, no sentido em que o predomínio da lógica do mercado na universidade leva a que se relegue o cultivo da democracia e dos seus valores. Afirmamos então que a democratização da universidade requer o crescimento de uma pedagogia crítica e de uma liderança educacional democrática. Salientamos, ao mesmo tempo, os enormes obstáculos que se colocam a esta mudança, tais como as estruturas burocráticas, o predomínio de uma lógica económica, as relações de poder que se desenvolvem através do uso do conhecimento, bem como a cultura e a moral das universidades, que reflectem a realidade sociológica do país a que pertencem.

Capítulo 1

As transformações e os seus efeitos sobre o perfil da Universidade

1.1 Introdução

Ao longo do século XX, mais especialmente após a Segunda Guerra Mundial, e ainda mais nas últimas décadas, a Universidade sofreu mudanças significativas que se repercutiram tanto na sua perceção enquanto instituição social, como na sua forma de governação e na sua função. Neste capítulo, vamos debruçar-nos sobre essas mudanças com o objetivo de ver como elas se imprimem na sua função e, em particular, na sua governação e no seu desenvolvimento.

A evolução da Universidade nas últimas décadas foi o resultado de uma série de mudanças, as mais significativas das quais se centram no financiamento e na relação da instituição com o mercado, na sua massificação e nos efeitos que esta tem no seu papel social e, finalmente, na sua passagem a uma instituição complexa com as consequências que daí advêm para a sua organização, função e perfil.

A este nível, em particular, analisaremos a evolução da governação universitária e a sua passagem para um modelo de gestão, sob a influência das mudanças mais amplas no ambiente socioeconómico da instituição, que conduziram a alterações na sua governação, com uma redução da participação do pessoal não docente e dos estudantes, e o aumento de representantes externos à universidade, especialmente do mundo empresarial.

Por último, analisaremos o modelo de governação dominante hoje em dia, relacionado com a participação de factores internos e externos à universidade, as tendências detectadas na sua forma de governação e, sobretudo, a participação dos estudantes nos órgãos de governo da universidade, tanto como uma questão relacionada com a função democrática da instituição, como uma questão relacionada com a sua educação e formação como cidadãos activos.

1.2 A Universidade e os seus recursos: a viragem para o mercado

Um momento crucial no desenvolvimento da universidade foi a fundação da Universidade de Berlim em 1810, que marcou uma nova era para o ensino superior e o conhecimento. Uma pedra basilar na perceção do seu fundador, Wilhelm von Humboldt, é a viragem para a investigação num clima de liberdade académica. Desde então, e até hoje, a universidade tornou-se, e continua a ser, a instituição social fundamental para a produção de investigação e de conhecimento. Este papel da universidade definiu também a sua relação com o seu ambiente e, por extensão, o seu desenvolvimento.

A transição do modelo humboldtiano de universidade para a universidade de hoje é marcada por enormes mudanças, tanto no papel social da instituição como na perceção social do conhecimento. Estas questões têm sido objeto de discussão e de conflito, sobretudo a partir do final do século XIX, e continuam a sê-lo atualmente. Para a compreensão destas questões é essencial a relação da universidade com o seu meio envolvente, tanto nacional como internacional, e particularmente a sua relação com a economia, bem como a sua dependência financeira do Estado.

Desde o seu aparecimento até ao início do século XIX, as universidades são financeiramente independentes (Gerbod, 2004:84). Para além da dimensão da sua riqueza e dos seus recursos próprios, a administração destes bens revela-se um fator crucial, uma vez que são autónomas. Desde então, e até aos anos 70, as universidades assentavam em dois princípios: o financiamento do Estado e a sua autonomia, que está ligada à sua independência financeira. O autogoverno, por um lado, e, por outro, o seu financiamento principalmente a partir dos orçamentos do Estado, dão origem a uma tensão permanente entre a manutenção da autonomia e a independência da universidade em relação ao Estado financiador em diversas questões, desde a nomeação do pessoal até às orientações ideológicas e à utilização dos conhecimentos.

A questão da relação entre o Estado e o sector público, por um lado, e a universidade, por outro, tornou-se ainda mais complexa nas últimas décadas com a ligação cada vez mais marcada da universidade à economia e ao mercado. Desde então, uma das questões mais fundamentais que se coloca constantemente é a da sua relação com o mercado e, consequentemente, a do papel social da Universidade e do conteúdo do conhecimento produzido.

No início do século XX, no seu livro *The Higher Learning In America: A Memorandum On the Conduct of Universities by Business Men,* publicado em 1918, o sociólogo americano Thorstein Veblen coloca a questão das relações entre a Universidade e o mercado. Veblen afirma que a Universidade depende cada vez mais das empresas e dos homens de negócios e que cada vez mais pessoas nos Estados Unidos acreditam que, enquanto instituição de produção de conhecimento, deve funcionar como uma empresa e ser governada como tal (Veblen, 1918:65).

A discussão sobre a relação entre a universidade e as empresas estabilizou-se no pós-guerra, graças ao generoso apoio financeiro do Estado. Isto aplica-se tanto às universidades da Europa Ocidental como às da América do Norte. As universidades dos EUA, sobretudo as públicas, são generosamente financiadas pelas autoridades federais e locais até um montante que pode ultrapassar 90% das suas receitas. Como refere Burton Clark: "A década de 1958-1968, um período de preços relativamente estáveis, registou um aumento *de sete vezes* nos fundos federais para a investigação universitária básica, de 178 milhões de dólares para 1 251 milhões de dólares" (Clark, 1995: 130).

A questão reaparece na década de 1970, quando cada vez mais Estados, a começar pelos EUA e pela Grã-Bretanha, em parte devido à crise, mas também por razões ideológicas, reduzem o financiamento. Como se pode ver no quadro 1, em muitos países, ocidentais e não ocidentais, o financiamento das instituições públicas reduziu-se nas últimas décadas e o financiamento privado aumentou. Este é um momento significativo na história da Universidade que começa a alterar o equilíbrio entre autonomia/financiamento, o seu modo de funcionamento e, principalmente, os seus objectivos.

Quadro 1. Despesas com o ensino superior em percentagem do PIB por fonte (2011)

País	EUA	Alemanha	Reino Unido	França	Suécia	Japão	Chile
Público	0,9	1,3	0,9	1,3	1,6	0,5	0,8
Privado	1,8	0,2	0,3	0,2	0,2	1,0	1,7

Fonte: OCDE 2014: 232.

Derek Bok, antigo reitor da Universidade de Harvard, afirma que, para que as universidades americanas se mantenham competitivas no domínio da investigação, devem aproximar-se das empresas: "Esta mudança de prioridades levou o governo a considerar novas formas de ligar a investigação universitária às necessidades das empresas. Em 1980, o Congresso aprovou a Lei Bay-Dole, que tornou muito mais fácil para as universidades deterem e licenciarem patentes sobre descobertas efectuadas através de investigação paga com fundos públicos. A legislação federal e estadual ofereceu subsídios a uma variedade de empreendimentos de cooperação entre universidades para ajudar a traduzir os frutos da ciência académica em novos produtos e processos. Os benefícios fiscais incentivaram a indústria a investir mais na ciência universitária" (Bok, 2003: 11-12).

Esta evolução teve consequências de grande alcance. Nos anos seguintes, também outros países, como a França em 1990, adoptaram políticas semelhantes.

Simultaneamente, em meados dos anos 80, os subsídios públicos às universidades foram reduzidos e os subsídios privados aumentaram. Coloca-se a questão de saber se a universidade é uma instituição que se limita a importar elementos das empresas ou se é efetivamente transformada numa empresa. Vários analistas chegam a posições semelhantes, embora partam frequentemente de pontos de vista diferentes.

Entre eles está Bill Readings, que atribui esta tendência ao enfraquecimento do Estado-nação após o fim da Guerra Fria e à consequente globalização da economia.

"Defendo aqui que o discurso da excelência ganha força precisamente pelo facto de a ligação entre a Universidade e o Estado-nação já não se manter na era da globalização. A Universidade deixa assim de ser um aparelho ideológico do Estado-nação para passar a ser um sistema burocrático relativamente independente. A economia da globalização significa que a Universidade já não é chamada a defender o prestígio nacional através da produção e legitimação da cultura nacional. A Universidade é assim análoga a uma série de outras instituições - como as companhias aéreas nacionais - que enfrentam reduções maciças no financiamento previsível de Estados cada vez mais enfraquecidos, que já não são os locais privilegiados de investimento da vontade popular" (Readings, 1996: 14).

No entanto, Bok considera que, apesar das enormes mudanças que sofreram e da sua maior abertura ao mercado e ao mundo empresarial, as universidades não estão a transformar-se em empresas, graças ao ethos dos membros da comunidade. "Embora os perigos sejam reais, nem todos os laços com a indústria são suspeitos, nem as universidades devem recusar todas as oportunidades de obter um retorno financeiro do seu trabalho (...). Felizmente, os investigadores têm-se mostrado surpreendentemente resistentes à pior tentação do comercialismo" (Bok, 2003: 200, 204).

Sem dúvida que, mesmo aceitando a posição de Bok, não podemos deixar de constatar a mudança significativa nas relações entre a universidade e o meio exterior, sobretudo económico, que coloca novos desafios à instituição e aos membros da comunidade académica e que, como veremos adiante, tem sérias implicações na sua função e governação.

1.3 Massificação da Universidade

No seu estudo sobre os estudantes de Oxford e Cambridge, Laurence Stone observa que, de 1670 até meados do século XIX, o número de estudantes diminuiu e, desde então, tem vindo a aumentar (Stone, 1975). A tendência apontada por Stone parece verificar-se em vários países, sobretudo no centro e norte da Europa, como a Suécia, os Estados germânicos e a Holanda. Não parece ser válida no sul da Europa, onde o número de estudantes em países como a Espanha e a França aumentou lenta mas seguramente até ao final do século XVIII, e noutros países onde regista flutuações, como em Itália (Di Simone, 1996:302-311, Charle-Verger, 2007:40-47).

De um modo geral, a partir do final do século XIX, o número de estudantes aumenta devido à fundação de novas instituições, ao aumento do número de mulheres e ao alargamento da instituição com a criação de departamentos que tratam de novas áreas cognitivas, ou com a atualização dos departamentos existentes.

Com base no número de estudantes, podemos discernir um primeiro período, desde os primeiros anos do século XIX até 1860-1870, que se pode caraterizar como um período de estabilização da instituição da Universidade na Europa e do seu crescimento noutros países. Um segundo período, de 1860 até cerca de 1930, é marcado pelo aumento universal e espetacular do número de estudantes.

Esta tendência mantém-se até hoje, após um breve período de estagnação na sequência da crise económica de 1973. Nos EUA, de acordo com os dados do *Centro Nacional de Estatísticas da Educação,* de 4 145 065 em 1961 e 8 948 644 em 1971, o número de estudantes atingiu 17 487 475 em 2005. Na Grã-Bretanha, de 106.000 em 1950, o número de estudantes atingiu 2.386.200 em 2013 (http://ec.europa.eu/eurostat/statistics- explained/index.php/File:Number of tertiary education students 2013_%28 thousands%29_ET15.png). Em França, de 155.475 em 1950, passaram a 288.415 em 1960 e a 843.735 em 1971 (Boudon, 1973: 103), enquanto os inscritos no ensino superior em 2013 atingiram 2.338.100 (http://ec.europa.eu/ eurostat/statisticsexplained/index.php/File:Number _of_tertiary_education_students, _2013_%28thousands%29_ET15.png).

Tabela 2. Número absoluto de matrículas em universidades na Grã-Bretanha, Alemanha, Rússia e EUA (1860-1930)[2]

País: Ano	Reino Unido		Alemanha		Rússia		Estados Unidos	
	garanhão.	univ.	garanhão.	univ.	garanhão.	univ.	garanhão.	univ./col.
1860-61	3,383	5	12,188	20	5,000	9	22,464	
1870-71	5,560		13,206		6,538		31,900	560
1880-81	10,560		21,209		8,045		49,300	
1890-91	16,013		28,621		13,169		72,250	
1900-01	17,839		33,739		16,357		100,000	
1910-11	26,414		53,364		37,901		144,800	
1920-21	34,591		86,367		109,200		251,750	
1930-31	37,255	16	97,692	23	43,600	21	489,500	1.400
crescimento:	11 vezes		8 vezes		9-22 vezes		22 vezes	

Fonte: K. J. Jarausch, 1983: 13, quadro I.

1.4 A Universidade como instituição social complexa

Na sua tese de doutoramento e, mais tarde, no seu primeiro estudo clássico, Émile Durkheim, influenciado pelos economistas e, em especial, por Adam Smith, desenvolve o ponto de vista de que uma das caraterísticas fundamentais das sociedades contemporâneas é a crescente diferenciação social e a divisão social do trabalho. Com base neste argumento, afirma que uma das caraterísticas básicas das sociedades modernas é a sua crescente complexidade. Para além disso, a divisão social do trabalho é um pré-requisito para o equilíbrio nas "sociedades superiores" (1978: 392).

Este ponto de vista é central em vários movimentos sociológicos, especialmente o

[2] Nota: Os números britânicos incluem tanto as antigas universidades como as novas universidades provinciais. Os números alemães referem-se ao Império (menos Estrasburgo após a Primeira Guerra Mundial) e incluem as antigas universidades. Os números russos incluem Varsóvia e Dorpat até à Primeira Guerra Mundial. Dado que não existe um equivalente americano exato para o sector universitário europeu, uma estimativa aproximada da dinâmica dos EUA baseou-se em metade das matrículas em colégios e universidades, juntamente com a totalidade das matrículas nas escolas profissionais, uma vez que estas tinham claramente um estatuto e uma função semelhantes aos da universidade. Os números dos EUA foram calculados a partir de estimativas informais das matrículas em escolas profissionais e escolas normais, fornecidas por C. B. Burke. Uma vez que se referiam a homens em 1860 e a homens e mulheres a partir de então, exageram um pouco a expansão.

funcionalismo e o funcionalismo estrutural. A sua aplicação à Universidade é descrita com clareza por Burton Clark.

"Em suma, a tendência dominante é a diversidade e não a uniformidade. A necessidade de concentrar e, por conseguinte, de distribuir de forma diferenciada os recursos financeiros, o pessoal, o equipamento e os estudantes torna-se cada vez mais forte à medida que os sistemas de ensino superior aumentam em termos de população e de cobertura dos territórios cognitivos. A divisão institucional do trabalho não pode ser travada, e muito menos invertida, como a divisão do trabalho na sociedade. Assim, a ideia de que todas as instituições de ensino superior podem ser iguais torna-se uma espécie de utopia. Se a diferenciação não for efectuada entre as instituições, ocorrerá no seu interior, produzindo universidades cada vez mais poliglotas que exigem uma gestão interna heróica para simplesmente manter relações pacíficas entre facções díspares e, de alguma forma, inserir uma capacidade de mudança espontânea" (Clark, 1995: 246).

A tendência que Burton Clark descreve é inegavelmente real. Foram criadas muitas universidades novas, a sua estrutura mudou, os domínios cognitivos e de investigação que tratavam multiplicaram-se. Foram criados novos departamentos com novas áreas cognitivas, o número de estudantes aumentou drasticamente, assim como o pessoal, tanto académico como administrativo. Tudo isto transformou a Universidade num corpo cada vez mais composto, cuja caraterística principal é a especialização do conhecimento e dos departamentos universitários que o tratam, o que tem consequências importantes para a sua organização e funcionamento. A universidade está constantemente a mudar de rosto e, através da divisão do trabalho e da especialização associada das áreas disciplinares cognitivas, transforma-se naquilo a que Clark Kerr, Reitor da Universidade da Califórnia, já tinha chamado em 1964 uma "Multiversidade".

"A multiversidade é uma instituição inconsistente. Não é uma comunidade, mas várias - a comunidade dos licenciados e a comunidade dos diplomados; a comunidade dos humanistas, a comunidade dos cientistas sociais e a comunidade dos cientistas; as comunidades das escolas profissionais; a comunidade de todo o pessoal não académico; a comunidade dos administradores. As suas fronteiras são difusas - estende-se a antigos alunos, legisladores, agricultores, homens de negócios, todos eles relacionados com uma ou mais destas comunidades internas. Como instituição, olha para o passado e para o futuro, e está frequentemente em desacordo com o presente. Serve a sociedade quase servilmente - sociedade que também critica, por vezes sem piedade. Dedicada à igualdade de oportunidades, é ela própria uma sociedade de classes. Uma comunidade, como as comunidades medievais de mestres e alunos, deveria ter interesses comuns; na multiversidade, esses interesses são muito variados, até mesmo conflituosos. Uma comunidade deveria ter uma alma, um único princípio animador; a multiversidade tem várias - algumas delas bastante bem, embora haja muito debate sobre quais as almas que realmente merecem ser salvas" (Kerr, 1964:18-9).

Quer lhe chamemos Universidade ou Multiversidade, a universidade evoluiu hoje e transformou-se numa instituição complexa e fundamental para as sociedades contemporâneas, que é chamada a desempenhar um papel significativo a muitos níveis. Promover o conhecimento, contribuir para o desenvolvimento social e económico, certificar profissionais e cientistas, formar cidadãos democráticos e contribuir para o desenvolvimento social e democrático. Ao mesmo tempo, as universidades estão cada vez mais ligadas ao mercado e desenvolvem com ele relações a vários níveis. Este facto está patente na sua formação, na sua função e, nos últimos anos, na sua governação.

A questão fundamental é saber como, e através de que processos, tudo isto influencia a sua organização e funcionamento internos e, especialmente, a sua governação. Para responder a esta questão, tentaremos agora analisar, em primeiro lugar, as mudanças que sofreu ao nível da governação. Em seguida, examinaremos o funcionamento interno da instituição, investigando a questão da participação dos membros da comunidade académica, nomeadamente o pessoal não docente e os estudantes. Por último, reconsideramos o atual modelo de governação à luz das recentes transformações que as universidades sofreram.

1.5 Administração académica: da gestão a um novo modelo de managerialismo

As universidades eram tradicionalmente autónomas e, em grande medida, a sua governação era caracterizada por uma governação partilhada. Esta tendência reforçou-se sobretudo nos anos 60 e 70, tanto nos Estados Unidos como nas universidades europeias, tendo-se acelerado a partir dos anos 80. No que respeita à evolução das universidades europeias e à sua relação com a autoridade, W. Ruegg e J. Sadlak distinguem quatro fases: "1. 1945-1955: Recuperação numa Europa dividida, 2. 1956-1967: Políticas universitárias nacionais e internacionais emergentes, 3. 1968-1982: Expansão, democratização, burocratização, 4. 1983-1995: Rumo a um modelo europeu harmonizado (Ruegg e Sadlak, 2011: 74).

No mesmo período, registamos desenvolvimentos na governação da instituição. Em primeiro lugar, ao nível da linguagem e da terminologia. O termo "gestão", observa G. Lockwood, "não fazia parte do vocabulário cultural da universidade em 1945, exceto para descrever um processo ou método de organização alheio a uma instituição pública, por oposição a uma empresa comercial. A universidade era governada e administrada, mas não gerida. (...) A "gestão" começou a aparecer na literatura e nos documentos de conferências na década de 1960. A sua aceitação e utilização no seio da universidade surgiram na década de 1970, em primeiro lugar como reação à onda de concentração, liderada pelos estudantes, na política de governação como foco da organização interna no final da década de 1960 e, em segundo lugar, sob o impacto nas universidades das crises económicas mundiais inspiradas na inflação do petróleo em meados da década de 1970" (Lockwood, 2011: 124).

Finalmente, o termo "gestão" começou a ser amplamente utilizado depois de 1985, juntamente com a aceitação e utilização do termo "managerialism" (Lockwood, 2011:125).

O mesmo se pode dizer das pessoas da Universidade. No passado, falávamos mais da comunidade académica, dos seus membros, dos seus constituintes. Hoje falamos de partes interessadas ou consumidores (Bolland, 2005: 209).

Como é que as mudanças acima referidas se repercutem na governação das universidades? No seu conhecido estudo comparativo de 1983, Burton Clark distinguiu quatro tipos de universidades no que diz respeito à organização da governação o modo continental (uma combinação de grémio de docentes e burocracia estatal), o modo britânico (uma combinação de grémios de docentes com uma quantidade modesta de influência de trustees e administradores institucionais), o modo americano ("tal como o britânico, combinou formas de amado corpo docente com liderança e administração institucionais, mas, em comparação com o britânico, o domínio do corpo docente foi mais fraco e a influência de trustees e administradores mais forte") e o modo japonês (uma mistura do modo americano e continental) (Clark, 1983: 125-130).

Desde a publicação da tipologia de Clark, muita coisa mudou. O ensino superior massificou-se ainda mais, o financiamento público diminuiu e a importância do mercado aumentou tanto como fonte de rendimento como mecanismo de procura, conhecimento técnico, bens e serviços. Não é de todo por acaso que em muitos países, sobretudo fora da Europa continental, o financiamento privado do ensino superior se aproxima ou ultrapassa o público.

A redução do financiamento público colocou as universidades em dificuldades financeiras e levou-as a procurar fundos noutras fontes. Isto aplica-se mesmo às universidades públicas norte-americanas, onde a contribuição dos Estados foi muito reduzida. "De acordo com McPherson et al.", escreve James Duderstadt, "de 1990 a 2009, os Estados reduziram o seu financiamento por estudante inscrito numa média de 35%, totalizando mais de 15 mil milhões de dólares por ano a nível nacional" (Duderstadt, 2014: 8). Para abordar o problema e as suas consequências, nomeadamente no que diz respeito ao futuro das universidades de investigação americanas, a Academia Nacional de Ciência e Engenharia e o Instituto de Medicina formaram, a pedido do Congresso em 2010, um comité de investigadores de renome. O comité chegou em 2012 a 10 recomendações. A segunda refere-se ao financiamento. "Os Estados devem esforçar-se por repor as dotações para o ensino superior a níveis que permitam às universidades públicas de investigação funcionar a níveis de classe mundial, proporcionando-lhes simultaneamente uma maior autonomia que lhes permita competir estrategicamente e responder com capacidade a novas oportunidades" (Duderstadt, 2014: 8).

Mais significativas são as mudanças registadas nos países da Europa continental e, em geral, naqueles que apresentam as caraterísticas do tipo que Clark designou por continental. Em muitos destes países, sobretudo no sul, e entre eles a Grécia, o ensino superior estava fortemente dependente do Estado e tinha uma ligação relativamente pequena com o mercado. Consequentemente, a abertura ao mercado é mais dolorosa, uma vez que as tradições e as crenças são postas à prova e as relações no seio da universidade mudam com repercussões tanto no domínio do poder como na administração da política praticada (Kiprianos et al., 2011).

Estas mudanças conduziram a um novo tipo de governação universitária? Especialistas de sete países, de seis países europeus e dos EUA, reunidos em 1998 na Suíça, responderam afirmativamente. Trata-se de um novo tipo de governação a que chamam novo managerialismo. De que se trata? O coordenador do encontro, Dietmar Braun, distingue, com base em três critérios (sistema de crenças, racionalidade substantiva e racionalidade processual), três tipos de governação, até aos anos oitenta. São eles o modelo colegial, das universidades britânicas, o modelo de mercado, das americanas, e o modelo oligárquico-burocrático que caracteriza países europeus como a França, a Alemanha, a Suíça e a Holanda.

Brown afirma que, na década de 1990, as coisas mudaram com a transição para a governação do novo tipo de gerencialismo que se cristaliza em dois tipos particulares: um modelo mais orientado para a eficiência e um segundo orientado para o cliente/mercado. O primeiro caracteriza sobretudo os países que anteriormente tinham o modelo oligárquico-burocrático. O segundo, os EUA, a Grã-Bretanha e também a Holanda. A mudança para o primeiro tipo ocorre principalmente com a procura de eficiência num período de austeridade. Os países que se integram no segundo tipo partem de crenças utilitaristas radicais que fazem parte de uma estratégia neo-liberal mais alargada.

Em que é que estes dois últimos tipos diferem? O segundo caracteriza-se por uma maior liberdade processual na tomada de decisões e por uma menor autonomia real em relação aos mercados. Em suma, os países do primeiro tipo aproximam-se dos países do segundo, mas continuam a existir diferenças na relação com o Estado e o mercado e ao nível dos valores. Para Braun, isto explica porque é que as mudanças são relativamente limitadas e menos dolorosas nos EUA e muito mais dolorosas noutros países, nomeadamente na Grã-Bretanha, que passou de um tipo, o colegial, para outro, orientado para o cliente e para o mercado (Braun, 1999: 239-261).

Qual é a situação atual, a nível internacional, no seio das universidades, no que diz respeito à sua governação? "Neste momento", resume Brown, "as universidades de todos os países estão a tentar estabelecer um equilíbrio entre dois extremos: a universidade como instituição orientada para a curiosidade no sistema de crenças culturais e a universidade como empresa de serviços de acordo com o sistema de crenças mais utilitário. Dada a tendência universal para estabelecer o novo gerencialismo como modelo predominante de governação, deve ser claro que não haverá regresso às estruturas pré-existentes. A predominância do modelo cultural desapareceu definitivamente. O que as universidades têm de aprender neste momento é como evitar o imobilismo permanente, tornando-se meras organizações orientadas para o mercado com quadros de cálculo. Não há uma saída fácil. A engenharia fragmentada e a adaptação gradual às condições nacionais, em vez de reformas radicais e em grande escala, podem ser uma boa opção para encontrar um equilíbrio que sirva melhor os interesses de todos os actores envolvidos" (Braun, 1999: 261).

1.6 Participação da comunidade universitária nos órgãos de administração das universidades

A transição para um novo modelo de gestão tem consequências ao nível dos órgãos administrativos, mas, sobretudo, nas suas funções e nos equilíbrios e relações entre eles. Além disso, resulta também na redução da participação dos membros da comunidade académica, especialmente do pessoal não docente e dos estudantes, e no aumento dos representantes do exterior da universidade, em particular do mundo empresarial.

Mais concretamente, as universidades europeias, tal como as norte-americanas, são governadas, de um modo geral, por quatro órgãos distintos que, naturalmente, diferem num certo número de pontos: no número e na composição dos seus membros, nas suas funções e nas suas relações entre si. Como afirma Lockwood, "apesar de períodos de turbulência ou debate consideráveis, a governação interna da universidade na Europa desde 1945 tem-se baseado num quadrilátero de poder ou autoridade (...). (Lockwood, 2011: 140).

Em primeiro lugar, o novo modelo de governação baseia-se nos Conselhos das Instituições, que incluem membros internos e externos à universidade. O seu número total de membros, a proporção de membros internos e externos à universidade, a forma como são nomeados e, em menor grau, as suas funções, são diferenciados de país para país. Tradicionalmente, na Grã-Bretanha, incluem mais membros externos, na Europa continental, mais internos.

Em segundo lugar, temos o Senado, que, presumivelmente, é composto por representantes eleitos de todos os membros da comunidade universitária. Ocupa-se sobretudo das questões académicas e raramente da investigação.

Em terceiro lugar, à cabeça da instituição, o Reitor (Presidente ou Vice-Chanceler), cujas funções e modalidades de nomeação diferem de país para país.

Ele representa a instituição, enquanto o Conselho de Reitores, o quarto órgão, é reconhecido institucionalmente em quase todos os países europeus e representa as universidades contra todas as outras instituições, tanto a nível nacional como internacional.

As mudanças na governação universitária concentram-se em três áreas: na alteração das funções dos quatro órgãos e, por conseguinte, na importância de cada um deles, na relação da universidade com o meio exterior, no poder político e económico mais particularmente e na participação dos membros da comunidade académica.

No que diz respeito ao primeiro ponto, até aos anos 80, o órgão administrativo de base era o Senado, uma espécie de parlamento da comunidade académica. Tinha a primeira palavra sobre as questões académicas, bem como sobre as questões financeiras e de investigação. Em contrapartida, nas últimas décadas, com o reforço do novo modelo de gestão, a importância do Senado foi reduzida a favor do Conselho, que inclui cada vez mais pessoas externas à universidade e, em alguns casos, nomeadas pelo governo, como acontece nas universidades neerlandesas.

Estas mudanças colocam uma questão crucial. Quem são os membros externos que participam nos Conselhos e têm um peso significativo na tomada de decisões e qual é a importância do poder político? Em primeiro lugar, participam representantes do mundo empresarial, o que reforça a posição daqueles que falam do papel crescente do mercado na orientação da universidade. Por outro lado, sabemos que na maioria dos países, especialmente nos europeus, a governação das universidades é influenciada principalmente pelo poder político. Isto leva-nos ao seguinte paradoxo: embora as universidades importem cada vez mais elementos das empresas e acabem por funcionar como tal, são os governos que, na maior parte das vezes, tomam as decisões nesta matéria. Por outras palavras, embora as universidades sejam autónomas e defendam a sua autonomia, muitas das medidas que lhes dizem respeito são-lhes impostas pelo poder centralizado. É por isso que Peter Scott, referindo-se às universidades britânicas de 1963 a 2007, fala da sua "nacionalização" (Scott, 2007: 66).

Outra consequência é a redução da importância dos organismos no seio da comunidade académica. Este facto parece ser particularmente evidente na UE. "A política educativa nas universidades europeias", afirma Stavros Moutsios, "enquanto deliberação e tomada de decisões em nome da comunidade académica e enquanto governação da sua instituição, está assim a ser eliminada pela elaboração de políticas transnacionais e pela gestão empresarial (...). Dentro da universidade, a governação baseada na gestão está a dissolver a comunidade académica, transformando os académicos em 'recursos humanos' sem voz nos assuntos da sua instituição, e os estudantes em clientes temporários" (Moutsios, 2013: 35).

Esta tendência está em consonância com as mudanças nas relações de poder no seio da comunidade académica, nomeadamente o reforço do corpo de professores. Esta tendência é muito mais composta do que pode parecer à primeira vista. O aumento do poder dos professores em relação a outros grupos não significa um aumento do seu poder geral, como acontecia antes da Segunda Guerra Mundial. Pelo contrário, tanto na investigação como no ensino, este poder limita-se à procura de investigação aplicada em domínios específicos, ou à imposição de regras no ensino e à obtenção de resultados de aprendizagem. Seria mais correto afirmar que todo o processo se desenrola a favor de determinados grupos de professores que se ocupam de áreas cognitivas mais procuradas no mercado de trabalho e em detrimento de outros, nomeadamente dos estudos sociais e humanísticos, que têm menos importância no mercado de trabalho. No entanto, mesmo esta constatação é de carácter geral. Muitas das regras, sobretudo as relativas à docência, são legisladas pelas autoridades educativas de cada país, antes de mais governamentais, facto que altera as relações do poder político com as universidades e reduz, como vimos anteriormente, a importância dos professores.

Por outro lado, a participação do pessoal não docente na governação é reduzida e restringe-se aos seus assuntos profissionais. A situação é mais complicada no que respeita aos estudantes. A sua participação na governação é reduzida e restringe-se a questões educativas/pedagógicas.

Para compreendermos esta tendência, seria útil definirmos a participação dos estudantes e os níveis em que se desenvolve. Manja Klemencic (2012: 642-650), a propósito dos estudantes, distingue quatro níveis de relações: a bipolaridade Estado/estudantes, universidade/estudantes, professores/estudantes e os estudantes entre si. Os critérios para esta categorização são os que estão envolvidos na universidade e os indivíduos que praticam a governação. O problema desta categorização particular reside no facto de as quatro categorias se sobreporem e, sobretudo, de outras estarem também envolvidas, como o pessoal administrativo ou os patrocinadores da universidade.

Em nossa opinião, é mais correto abordar a sua participação com base na natureza da relação entre os envolvidos. Deste ponto de vista, distinguimos três aspectos básicos: a tomada de decisões que dizem respeito ao funcionamento da universidade como instituição, a tomada de decisões que dizem respeito à vida quotidiana dos membros da comunidade universitária e, em certa medida, à sua vida fora dela. E, finalmente, a relação pedagógica, a produção e a transmissão de conhecimentos.

Poderíamos investigar os três aspectos acima referidos de um outro ponto de vista. É óbvio que o terceiro aspeto abrange mais ou menos o pedagógico, ou seja, a relação professor-aluno, bem como as relações internas a cada um destes dois grupos. O segundo tem a ver com as relações entre os próprios estudantes, a sua relação com a governação da universidade e, em menor grau, com o poder político. A primeira está mais ligada à estrutura dos órgãos administrativos e à tomada de decisões a nível central. Por outras palavras, diz respeito tanto à relação da universidade com a liderança política (o Estado e/ou as autoridades locais, consoante o país), como ao funcionamento dos órgãos administrativos, às suas funções e às relações entre eles.

É claro que, deste ponto de vista, como de todos os outros relativos à participação, temos de ter em conta o espaço onde se formam as relações dos participantes. São constituídas no seio do Departamento, da Escola ou a nível central da Universidade? Este parâmetro é significativo, uma vez que depende do conteúdo das decisões e da distância dos membros da comunidade em relação aos centros de decisão. Obviamente, quanto mais próximos estiverem os centros de decisão, mais próximas estarão as decisões da sua vida quotidiana. Por conseguinte, é evidente que este facto se repercutirá na função da universidade, bem como nas posições e práticas dos seus membros.

Examinando os três aspectos que distinguimos, descobrimos diferenciações significativas ao longo do tempo. De um modo geral, observamos duas evoluções paralelas. Em primeiro lugar, os três aspectos são diferenciados como se estivessem em três níveis distintos. Em segundo lugar, no espaço europeu, a participação dos estudantes no primeiro aspeto é reduzida e nos outros dois, especialmente no terceiro, é reforçada, nomeadamente ao nível das declarações.

Se considerarmos os três aspectos ao longo do tempo, somos levados a concluir que, nos últimos anos, se registou uma transformação na forma de participação dos estudantes que conhecíamos até aos anos 80. A participação dos estudantes, no processo de transição para um modelo de governação gerencial, é drasticamente reduzida em favor dos outros dois aspectos, especialmente o terceiro, que diz respeito à relação pedagógica professor/aluno. Esta tendência não é uniforme, mas existe. A título indicativo, no estudo 'five leading universities'[3] , Bjorn Stensaker concluiu que: "Considerando todos os modelos em conjunto, é o modelo empresarial que se destaca como o modelo dominante nos planos estratégicos. (...) Nos planos estratégicos também se encontram ligações ao modelo colegial. No entanto, estas ligações encontram-se sobretudo em secções que abordam a qualidade e a excelência e a necessidade de reforçar as actividades principais - ensino e investigação. Tendo em conta a forte ênfase das universidades em enfatizar a liderança na instigação à mudança, é bastante interessante que o maior número de referências ao modelo colegial se encontre nas secções em que se discute a importância da liderança (Stensaker, 2012: 10-11).

O abandono da participação estudantil e o afastamento dos estudantes dos seus sindicatos ocorrem em simultâneo com a redução do financiamento público das universidades e com as já referidas mudanças na sua governação. Em 2002, num estudo sobre a participação dos estudantes realizado pelo Ministério da Educação norueguês para o Conselho da Europa, tendo em vista a reunião programada em Oslo dos ministros da Educação dos então 45 países que participaram na Declaração de Bolonha,

---

[3] A Universidade de Helsínquia, a Universidade de Uppsala, a Universidade de Lund, a Universidade de Copenhaga e a Universidade de Oslo.

apenas dois países europeus não previam a participação dos estudantes na governação das universidades.

Analisando os resultados da investigação, Sjur Bergan calculou que, em 2003, a percentagem de participação dos estudantes nos órgãos administrativos da maioria dos países europeus oscilava entre 10 e 20%. Nos restantes, a percentagem era inferior a 10%. Para além da participação, os deveres dos estudantes são significativos. De acordo com a investigação, na maioria dos países europeus, os estudantes têm o direito de falar e votar em todas as questões. No entanto, em 8 países, os representantes dos estudantes tinham o direito de falar e votar apenas em determinadas questões, principalmente no que diz respeito aos estudos, às nomeações de pessoal, à governação e ao financiamento (Bergan, 2003: 4-5).

Desde então, a participação dos estudantes parece ter sido ainda mais reduzida nos órgãos centrais de direção das universidades. O enfraquecimento institucional das uniões de estudantes foi também desencadeado, quer com a abolição da participação obrigatória, onde quer que ela existisse (na Suécia, em 2010), quer com a introdução de cláusulas gerais relativas à participação dos estudantes nos Conselhos (Portugal), quer ainda com o reforço do financiamento das duas uniões de estudantes na Dinamarca (Vos, 2011: 315-6, Klemencic, 2012: 34).

Registaram-se desenvolvimentos semelhantes noutros países europeus. Em Espanha, por exemplo, o Ministério da Educação publicou um texto relacionado com a Carta dos Estudantes, no qual se salienta a importância da sua participação nos assuntos universitários.

No entanto, o texto não foi ratificado e as universidades que o poderiam ter integrado no seu regulamento interno não o fizeram, pelo que a participação dos estudantes ficou no ar (Planas et al., 2011: 3-4). Na Grécia, a lei 4009/2011 reduziu drasticamente a participação estudantil a todos os níveis, mas especialmente nos órgãos administrativos, tornando-a meramente decorativa e justapondo a participação à eficiência (Kladis, 2012).

O enfraquecimento da participação dos estudantes contrasta com os pontos de vista expressos por alguns intervenientes, nomeadamente a União dos Estudantes Europeus (ESIP). Por exemplo, num estudo realizado em 2002 para o Conselho da Europa, a maioria dos três sectores inquiridos (representantes do governo, dos estudantes e das universidades) afirma que a participação dos estudantes nas suas universidades é suficientemente representativa, mas ao mesmo tempo refere que precisa de ser reforçada (Persson, 2003: 10).

1.7 Repensar a governação

Do que precede, pode concluir-se que, após os anos 80, ocorreu uma dupla mudança ao nível da governação universitária. De uma governação e gestão partilhadas, passou-se para um novo modelo, mais gerencial. Uma caraterística básica desta tendência foi o enfraquecimento da participação dos membros da comunidade universitária, especialmente do pessoal não docente, e o reforço da presença de grupos de interesse exteriores à universidade. Em segundo lugar, a evolução referida afecta todos os sectores da vida universitária, mas não de forma uniforme. No seio da comunidade universitária, o papel do professor é relativamente reforçado, em detrimento de outros grupos, ao mesmo tempo que se dá peso à participação dos estudantes no processo pedagógico e, simultaneamente, se enfraquece a sua presença na governação.

Como é que se explica esta dupla evolução? Foram dadas respostas múltiplas e nem sempre convergentes a esta questão. Vimos que Veblen, adoptando uma posição próxima da marxista, a atribui à procura de lucro por parte das grandes empresas. Em contrapartida, Readings associa-a ao percurso histórico do Estado-nação. No entanto, comum a estas duas perspectivas é a convicção de que, por várias razões, as universidades se encontram mais próximas do mercado e dos seus desafios e funcionam ou tendem a funcionar como empresas. É aqui que começa a instituição do novo modelo de gestão da governação, que assenta em dois princípios.

O primeiro princípio encontra-se no levantamento da distinção público/privado, bens públicos/privados e sua conversão em produtos. Foi assim que surgiu a argumentação para a retirada do Estado do ensino superior, a viragem para o financiamento privado e a participação/nomeação de representantes do mundo empresarial nos Conselhos das Instituições. O segundo princípio reside no tratamento da universidade como se fosse (com exceção do processo de aprendizagem) uma empresa, com a nomeação, em alguns casos, do reitor que actua como gestor (Vinokur, 2005: 9).

No extremo oposto da visão acima mencionada, encontram-se duas outras, que têm pontos de partida diferentes e chegam a propostas distintas. A primeira foi apresentada por Bok. De acordo com a perspetiva que apresentámos, as universidades voltaram-se para as empresas para equilibrar a redução do financiamento público provocada pela crise petrolífera de 1972 e a incapacidade do sector público para responder ao aumento das necessidades. Isto significa que a mudança foi mais casual e, por conseguinte, reversível. Esta mudança, afirma Bok, não altera radicalmente o rosto da universidade, pelo menos das universidades americanas, uma vez que, apesar da sua forte ligação ao mercado de trabalho, permanecem fiéis aos seus princípios fundadores graças ao carácter moral dos académicos.

A terceira perceção parte das mudanças ocorridas nas universidades nas últimas décadas que, segundo os seus defensores, tornam a sua governação muito mais exigente e compósita. Afirmam que a universidade, enquanto organismo, se tornou muito compósita e que as suas trocas com o ambiente externo se tornaram mais intensas, a tomada de decisões mais difícil e que tem de ser mais rápida. A interdependência mais acentuada com o ambiente externo, a complexidade das decisões e a necessidade de as tomar mais rapidamente, constituem os três elementos em que se baseia a nova compreensão da governação universitária (Birnbaum, 2003: 45, de Boer, 2007: 35, Lapworth, 2004:307).

Este último ponto de vista não é, obviamente, inteiramente novo. As suas origens podem ser encontradas nas teorias da burocracia de Weber. Joseph Schumpeter desenvolveu-a pela primeira vez na sua teoria sobre a democracia (Schumpeter, 1983). Segundo ele, as sociedades tornam-se cada vez mais complexas, tal como as decisões. Assim, a democracia transforma-se mais num processo, enquanto os políticos, para tomarem as decisões corretas, precisam de ter os conhecimentos técnicos adequados ou delegar as decisões em tecnocratas.

Esta visão permeia o novo modelo de gestão da governação. Os membros da comunidade universitária não são capazes de governar eficazmente porque não são profissionais. Além disso, os processos de tomada de decisão nas universidades, enquanto estas forem colegiais, são lentos e demorados. Por outras palavras, segundo este ponto de vista, a democracia é contrária à eficácia. Por último, enquanto as universidades se voltam cada vez mais para o mercado e dependem dele financeiramente, é útil que as pessoas que conhecem o mercado participem ativamente nas decisões que lhe dizem respeito. Estes três argumentos conduzem a uma determinada imagem quanto ao modo de governação das universidades e aos indivíduos que a assumirão: órgãos pequenos para que as decisões possam ser tomadas rapidamente, compostos por pessoas que compreendem o mercado e sabem tomar rapidamente as decisões adequadas.

Esta perspetiva pode ser verificada a partir de três pontos de vista diferentes. No que diz respeito ao primeiro, a rapidez de decisão e o conhecimento do exercício da governação são avaliados positivamente, mas não são suficientes, uma vez que requerem dois elementos adicionais: o conhecimento dos problemas e a aceitação das suas decisões pelos diretamente afectados, ou seja, os membros da comunidade universitária. No entanto, como é que os membros externos do Conselho podem compreender os problemas da universidade e dos seus membros? Consequentemente, como podem tomar as decisões corretas? Por outro lado, uma condição prévia para a implementação bem sucedida de uma decisão é a sua aceitação por aqueles que são afectados por ela. Por conseguinte, não se pode de modo algum considerar que os membros do que não provêm da própria instituição satisfaçam este requisito.

É evidente que os defensores do novo modelo de governação não ignoram este problema. É por isso que, na maior parte dos países, a governação universitária é exercida por indivíduos de dentro e de fora da Universidade. Quer isto dizer que os que estão dentro da Universidade ignoram o modo como a governação é exercida e contentam-se em preencher o quadro e dar informações aos de fora, aos profissionais? Ou que ambas as partes, consoante o problema, contribuem para a tomada de decisões? Se a primeira hipótese for verdadeira, significa que as pessoas que estão dentro da universidade não conhecem a governação e, consequentemente, têm menos peso na tomada de decisões. Se a segunda for verdadeira, então ambos têm conhecimentos e tomam decisões em conjunto. Assim, o problema neste caso não reside no conhecimento do exercício da governação pelos membros da comunidade universitária, mais precisamente os professores, mas no objeto das decisões, ou seja, na relação da universidade com o ambiente externo.

Esta última constatação, embora não explicitamente expressa, atravessa o discurso dos académicos e dos políticos. Com este argumento, a presença dos administradores e sobretudo dos estudantes é limitada. Como é que os funcionários administrativos podem ter uma palavra a dizer sobre assuntos não administrativos, tendo em conta a sua área de conhecimento? Como é que os estudantes podem ter uma palavra a dizer na tomada de decisões, dada a sua idade, a sua presença efémera na instituição e o seu desconhecimento dos problemas?

Não há dúvida de que a transformação da Universidade numa instituição mais complexa tem consequências para a participação de todos os grupos da comunidade universitária, nomeadamente os estudantes. No entanto, a investigação no terreno sobre a participação dos estudantes revela um quadro mais compósito. A sua participação é limitada, mas existe e pode, sob certas condições prévias, ser reforçada.

De acordo com o já referido estudo do Conselho da Europa, na maioria dos países a participação dos estudantes varia entre 16 e 30%, nalguns países menos e em dois acima dos 30% (Persson, 2003:9). Em Espanha, a participação nas eleições estudantis em muitas universidades, como as da Universidade de Barcelona, não ultrapassa os

20% e noutras, como as de Madrid, 70% não participam em nenhuma eleição (Planas et al., 2011: 5). Algo semelhante acontece na Grécia, onde a participação dos estudantes, apesar do carácter marcadamente partidário dos grupos de estudantes, se aproxima dos 30% dos estudantes inscritos. A participação dos estudantes neerlandeses nas eleições para os órgãos diretivos situa-se aproximadamente na mesma percentagem.

Significará isto que os estudantes não desejam participar nos órgãos diretivos das universidades? A investigação revela diferenças de país para país. Os estudantes da Universidade de Chipre parecem estar insatisfeitos com a sua participação nos órgãos diretivos e gostariam que esta fosse alargada (Menon, 2005: 175). Na Holanda, por outro lado, os estudantes (bem como os professores) não estavam interessados, nem parecem estar interessados numa maior participação, com o argumento de que é muito morosa: "Mais de metade (53%) dos governados - particularmente os estudantes - não estão interessados (de todo) em questões de governação a nível da faculdade. Apenas 12% afirmam estar interessados em questões de governação e de política na sua faculdade. (...) O facto de o trabalho e as realizações dos conselhos serem frequentemente desconhecidos (33%) explica também o pouco interesse num lugar num conselho representativo" (Huisman, 2006: 233-4).

A que se deve então a reduzida participação? Nos Países Baixos, os estudantes atribuem-na ao facto de exigir tempo. Em Chipre e em Espanha, referem o tempo, mas também a falta de informação. O segundo argumento explica também, em parte, a desigualdade de participação: é menor nos órgãos de direção centrais e maior ao nível do Departamento e da Escola. Parece, no entanto, que a informação da universidade e dos seus associados contribui efetivamente para um aumento da participação. Um estudo realizado em Espanha revela-o. "Estudos recentes efectuados em universidades espanholas indicam que, com as medidas adequadas, a participação aumenta significativamente. Prova disso é o trabalho do Conselho de Estudantes da Universidade da Cantábria (Urraca, 2005), que implementou de forma consistente medidas em diferentes frentes com o objetivo de conseguir uma participação real e efectiva dos estudantes (revisão de regulamentos, calendários e processos eleitorais, reconhecimento da dedicação a estes órgãos representativos e participativos e formação específica a este respeito). Isto também coincide com as conclusões do estudo mais recente realizado por Cáceres, Lorenzo e Sola (2009) na Universidade de Granada" (Planas et al., 2001: 9).

Em conclusão, a complexidade da universidade enquanto instituição impõe limites à participação, uma vez que esta exige um investimento de tempo, energia e conhecimentos. No que respeita aos estudantes, este problema pode ser resolvido, em parte, através da informação que lhes é fornecida por aqueles que fazem parte da universidade. Em suma, os estudantes participam mais e mais ativamente quando estão informados. Desta afirmação podemos concluir que os estudantes devem ser excluídos dos órgãos de direção porque a sua participação é limitada e a sua contribuição para as decisões é pequena?

Se este raciocínio prevalecesse a nível político, conduziria, por direito, a uma visão tecnocrático-elitista, segundo a qual o direito de eleger e ser eleito não seria universal, mas seria atribuído com base nos conhecimentos e nas competências dos cidadãos. Para além de isto, contudo, podemos responder à questão através do prisma de duas outras: Qual é a eficácia do novo modelo de gestão da governação? Qual é o papel pedagógico da universidade e qual é a relação deste papel com a participação dos estudantes?

Poder-se-ia argumentar que este modelo é relativamente novo e que não podemos avaliar com segurança a sua eficácia num período de tempo tão curto. No entanto, a investigação sugere que não é muito eficaz. "No entanto", afirmam Larsen, Maassen e Stensaker, "os estudos empíricos sobre os efeitos das mudanças na governação das universidades revelam resultados bastante ambíguos das iniciativas de reforma. Em muitos países, é difícil concluir que as universidades são mais eficazes e eficientes. As novas estruturas de tomada de decisão nem sempre conduzem às mudanças de comportamento desejadas e os resultados das novas disposições de governação parecem ter uma série de consequências não intencionais (Larsen et al., 2009:3).

Esta situação é, em certa medida, previsível, uma vez que as decisões não reúnem sempre e em todo o lado o consenso necessário dos actores envolvidos, a comunidade académica não actua no sentido da sua aplicação, as decisões são postas em causa. A crítica mais caraterística deste ponto de vista reside no facto de a governação, sob a pressão do tempo e da necessidade de eficácia efectiva, agir tendo em vista a obtenção de resultados imediatos e não a estratégia a longo prazo. Em suma, o futuro é sacrificado a objectivos passageiros que podem ser fatais para a instituição.

Para além disso, a universidade é também uma instituição pedagógica. Entre os seus objectivos centrais declarados, o cultivo do pensamento crítico e a formação de cidadãos activos figuram entre os mais antigos. Consequentemente, a participação na governação tem um duplo carácter. Em primeiro lugar, a assunção de uma parte da responsabilidade pelo funcionamento da instituição e, em segundo lugar, um meio pedagógico para a formação de cidadãos activos. Os textos da UE que falam de uma aprendizagem centrada no aluno e da participação dos alunos no processo de aprendizagem são disso um bom exemplo.

Mas será que podemos demarcar a aprendizagem centrada no estudante em dois níveis distintos, por um lado a participação no processo de aprendizagem e, por outro, a chamada exclusão da governação e dos órgãos de decisão? Esta distinção parece-nos contraditória e tecnicamente impossível. É logicamente incoerente que a universidade promova a aprendizagem ativa e negue a participação na tomada de decisões que dizem respeito aos estudantes. Não será contraditório que os estudantes aprendam a ser activos na aprendizagem e passivos na governação?

É evidente que a participação na governação é mais complexa do que a presença ativa no processo de aprendizagem e, de um modo geral, no processo pedagógico. No primeiro caso, é necessário tomar decisões e, muitas vezes, rapidamente. No segundo caso, pelo contrário, o objetivo e os prazos são diferentes. A prioridade é que o aluno aprenda ativamente e seja iniciado na investigação. No entanto, mesmo assim, a separação total da presença e da vida do estudante na universidade em dois níveis não está implícita. Um nível em que ele tem uma palavra a dizer, e um segundo em que outros decidem por ele.

De qualquer modo, as mudanças ocorridas nos últimos anos constituem um enorme desafio para as universidades a todos os níveis. Um dos desafios é a sua governação. O anterior modelo de governação partilhada não conseguia responder aos novos desafios: à massificação dos estudantes, à procura de novas fontes de financiamento, às novas necessidades de gestão, especialmente por parte dos académicos, excepcionais no seu domínio, mas pouco familiarizados com a governação, a economia e o ambiente externo.

O modelo de governação predominante hoje em dia, o novo modelo de gestão, não parece responder satisfatoriamente aos novos desafios. Em nome da eficácia, afasta as universidades do seu passado democrático e da autogovernação colegial tradicional, põe de lado os seus membros e dá peso à gestão por indivíduos que podem saber de governação mas não estão necessariamente familiarizados com a universidade. Tudo isto gera tensões e conflitos que não contribuem para uma governação democrática, sólida e, por conseguinte, eficaz.

Consequentemente, é necessário um modelo de governação que respeite as tradições democráticas da Universidade e que, ao mesmo tempo, responda aos desafios contemporâneos. Estes desafios podem ser agrupados em duas grandes categorias: as mudanças ocorridas no seio da universidade e os desenvolvimentos internacionais, especialmente o enfraquecimento dos Estados-nação, pelo menos a nível económico, com as condições da globalização.

Capítulo 2

O Espaço Europeu do Ensino Superior, o Processo de Bolonha e o Ensino Superior Grego

2.1 Introdução

O Espaço Europeu do Ensino Superior teve um início conflituoso. A disputa em torno da data de início da sua criação é elucidativa: 1998 ou 1999?

Em 1998, os Ministros da Educação dos quatro grandes Estados da União Europeia (UE), França, Reino Unido, Alemanha e Itália, reuniram-se na Sorbonne por iniciativa do então Ministro da Educação de França, Claude Jean Allègre. Ele próprio confessou mais tarde (25/2/1999) num discurso no College de France: "em todo o caso, se não o tivéssemos feito nós próprios, a nível europeu, Bruxelas tê-lo-ia feito".[4]

É interessante notar que esta frase foi repetida várias vezes na história da Política Europeia de Educação (PEE). É uma frase-chave que demonstra que a pressão da burocracia comunitária sobre algumas questões que se integram na zona cinzenta de responsabilidade (comunitária ou estatal) acaba por mobilizar os próprios Estados, que não querem deixar o assunto em causa à iniciativa da Comissão. Assim, quando acreditam que não podem impedir o envolvimento da Comissão numa questão, preferem assumi-la eles próprios.

Consequentemente, a reunião na Sorbonne foi uma reação dos grandes Estados às iniciativas da Comissão sobre questões relativas ao ensino superior. No entanto, outra reação veio dos outros Estados da UE, que consideraram que a reunião dos "4" era uma tentativa de criar uma direção europeia no domínio do ensino superior. Por isso, pressionaram, organizaram e conseguiram realizar uma reunião em Bolonha um ano mais tarde (1999). Aí, 29 Estados europeus reuniram-se e estabeleceram as bases do EEES. Há aqui dois pontos de interesse: em primeiro lugar, os Estados-Membros da UE não permitiram a participação da Comissão como representante da UE .[5]

Em segundo lugar, para deixar claro que não se tratava de uma política da UE, foram também incluídos Estados europeus não membros da UE. Assim, a partir deste conflito

---

[4]www.education.gouv.fr/realisations/education/superieur/epscp.htm (recuperado em 20-02-2001).

[5]A UE é aceite mais tarde, quando os estudantes europeus são acrescentados aos participantes (ESIB, mais tarde ESU, http://www.esu-online.org), a União das Universidades Europeias (CRE, mais tarde EUA, http://www.eua.be), etc. É claro que, uma vez que era do interesse da UE e que dispunha dos meios para o fazer, interveio continuamente e pressionou para a realização do EEES. Um exemplo caraterístico é o financiamento do programa Tuning, que foi uma das primeiras tentativas de definir um quadro europeu de domínios científicos comummente aceite (http://www.unideusto/tuningeu/).

de interesses, nasceu o EEES .

2.2 A arquitetura do EEES

Inicialmente, o interesse centrou-se na arquitetura do espaço. A sua formação final fala de três níveis de estudo em que o primeiro tem pelo menos 3 anos de estudo (licenciatura), o segundo 1 ou 2 (mestrado) e o terceiro 3 anos (doutoramento). A passagem de um nível para o outro pressupõe a posse de um título de estudo do ciclo anterior. É claro que, ao longo do tempo, este critério se tornou mais flexível, uma vez que muitos Estados adoptaram a aprendizagem prévia e um sistema de acumulação de qualificações expresso como ECTS (http://ec.europa.eu/education/ects/ects el.htm) e ECVET (http://www.ecvet- team.eu/en), no âmbito da lógica da aprendizagem ao longo da vida.

É de notar que o acordo final não foi conseguido sem tensões e desacordos. Por exemplo, no Comunicado de Praga, a expressão "pelo menos" teve de ser acrescentada ao pré-requisito inicial inflexível de 3 anos de estudo para o primeiro ciclo. Assim, no final, foi adoptada a frase "pelo menos 3 anos de estudos" para o primeiro ciclo de estudos. Desta forma, muitos países, entre os quais a Grécia, ultrapassaram algumas dificuldades para se alinharem com o EEES, mantendo as caraterísticas básicas das suas tradições académicas. A escolha da duração do primeiro ciclo de estudos tem a ver, por um lado, com a aceitação numa sociedade da questão de "quanto tempo é necessário para se ser um bom profissional num determinado ramo de atividade" e, por outro lado, com as relações internacionais, na medida em que o bacharelato americano tem a duração de 4 anos e, consequentemente, os diplomas de 3 anos não são reconhecidos nos EUA, a menos que haja um acordo mútuo relevante, como é o caso do Reino Unido.

Em todo o caso, tanto com a integração dos EUA como dos EURASHE (o ramo tecnológico do ensino superior, os antigos politécnicos), bem como dos estudantes (ESU) como membros iguais do Processo de Bolonha, as decisões relevantes não são julgadas apenas pelos burocratas do governo, mas por aqueles a quem as decisões se aplicam. A participação dos estudantes em particular foi, a nível simbólico e real, extremamente significativa, uma vez que foram considerados membros iguais e não como clientes ou utilizadores passageiros.

Hoje em dia, a arquitetura do EEES é considerada, com razão ou sem ela, uma questão resolvida ou, pelo menos, um pouco amadurecida, uma vez que mais ou menos todos os Estados do processo de Bolonha adoptaram a lógica dos três níveis. Na realidade, continuam a existir problemas. Parece, no entanto, que foram criados dois grupos de

Estados, um primeiro grupo em que o diploma do primeiro ciclo é atribuído ao fim de três anos e o do mestrado ao fim de dois, e outro em que o primeiro diploma é atribuído ao fim de 4 anos e o do mestrado ao fim de 1. É claro que também aqui há bastantes excepções e variações.

O que é interessante é que, neste momento, já se aceitou a ideia de que existe um EEES e que este contém algumas caraterísticas comuns, mesmo que não sejam absolutamente precisas. Desta forma, porém, cria-se um clima europeu de pressão sobre os governos para que avancem com as reformas necessárias, de modo a que os sistemas nacionais possam assemelhar-se às caraterísticas da arquitetura do EEES. Por outro lado, também é verdade que os governos aproveitam o clima específico para promover mudanças sociais impopulares, que atribuem às pressões europeias. Assim, desenvolveu-se gradualmente uma relação dinâmica entre o EEES comunitário, flexível e adaptável e os governos, bem como a UE e outros participantes, validando um novo tipo de governação europeia do ensino superior na Europa.

2.3 A filosofia subjacente ao EEES

Após a primeira surpresa, que se imprimiu na ocupação com as caraterísticas externas do EEES (estrutura arquitetónica), a atenção voltou-se para o pensamento que lhe está subjacente. Inicialmente, houve uma grande surpresa e perturbação (que não se pode ter a certeza de que já tenha terminado), uma vez que se acreditava que o desenvolvimento da ideia de aprendizagem centrada no estudante e nos resultados da aprendizagem não só criaria problemas na arquitetura tradicional dos estudos de nível superior, como também derrubaria a ideia básica da sua formação em torno do tratamento de um campo científico (ESU, 2010a, 2010b, 2010c).

Os resultados da aprendizagem, um complexo de conhecimentos, competências e aptidões, recordam mais a utilidade e a instrumentalidade dos estudos do que a conceção tradicional do conhecimento de uma ciência. Assim, por exemplo, já não basta dizer que se está a estudar para ser professor; é preciso estar em condições de afirmar expressamente o que se é capaz de fazer como professor. No entanto, esta abordagem perturba a estrutura de um domínio científico, os seus sectores particulares e o seu desenvolvimento num programa de estudos.

Esta mudança deveria talvez estar relacionada também com a promoção da interdisciplinaridade, que é apresentada como uma mudança de paradigma nos estudos universitários, a fim de sublinhar a radicalidade do seu conteúdo e as mudanças que provoca na organização tradicional dos estudos. A interdisciplinaridade é entendida como uma resposta eficaz às exigências da complexidade dos problemas e impasses atuais, em primeiro lugar ecológicos e depois sociais, económicos e políticos (Gibbons, 1994; Aggelopoulos, 2013). Em todo o caso, a combinação da interdisciplinaridade e dos resultados da aprendizagem deslegitima e subverte os tradicionais estudos unidisciplinares organizados em departamentos/faculdades universitários constantes e imutáveis de longa data. Os Departamentos/Faculdades, desta forma de pensar, foram considerados anacrónicos e inflexíveis, razão pela qual existe uma tendência para os substituir por uma estrutura mais flexível, o "programa de estudos". É evidente que se trata de um desafio importante e que há muitas reacções, uma vez que o programa de estudos é naturalmente algo mais adaptável, mas, por outro lado, ainda não foram dadas respostas convincentes sobre as consequências da reorganização dos domínios científicos tradicionais.

Neste ponto, talvez valha a pena notar a filtragem e as adaptações ou interpretações que as decisões comuns a nível europeu sofrem quando são introduzidas no contexto nacional. Por exemplo, a França, ao aplicar a abordagem dos resultados da aprendizagem ao seu modelo nacional, chamou-lhe "profissionalização" dos estudos, colocando a tónica na necessidade de os diplomados saberem fazer coisas específicas e encontrar emprego (Stamelos e Vasilopoulos 2013).

Ao mesmo tempo, com o desenvolvimento dos programas de estudo baseados nos resultados da aprendizagem, o interesse centra-se no próprio estudante e nas suas necessidades. Aqui, o perfil do tipo ideal do estudante é fundamental. Uma questão fundamental revela-se a massificação dos estudos e a integração neles de novas populações com caraterísticas diferenciadas - socialmente, em termos de idade, educacionalmente, bem como em termos das suas motivações e ambições. Atualmente, o maior problema parece ser o facto de a combinação da massificação com a extrema falta de homogeneidade da população estudantil levar ao abandono em massa ou a um grande prolongamento do período de estudos. Assim, o problema tradicional do acesso aos estudos de nível superior transforma-se e passa a ser o problema do abandono dos estudos. Paralelamente, as desigualdades sociais que se verificavam no acesso, deslocaram-se para o nível do ensino superior e estão relacionadas com o programa de estudos e/ou a instituição (Stamelos e Paivandi, 2015).

Partindo deste pressuposto, surge uma tendência que transfere o interesse para o aluno. Este é também o fator legislativo na justificação da necessidade de uma aprendizagem centrada no estudante, ou seja, uma aprendizagem centrada no estudante, nos seus interesses e necessidades. No entanto, o foco nos estudantes está ligado à marginalização do Departamento/Faculdade e de um programa de estudos baseado numa ciência, e ao reforço da compreensão de percursos de aprendizagem flexíveis baseados nos interesses individuais do estudante. Consequentemente, propõe-se, por um lado, a adaptação dos métodos de ensino e de avaliação às necessidades do aluno, ao mesmo tempo que se criam instituições de apoio como a tutoria, o apoio psicológico e consultivo, etc.

Talvez valha a pena referir aqui um forte desafio, que diz respeito aos 'estudos pós '. Os estudos monodisciplinares conduzem, na maioria das vezes, a ambientes de trabalho específicos com meios coordenados e estruturados de acesso a actividades profissionais com direitos profissionais estabelecidos. Em contrapartida, a tendência para percursos de aprendizagem personalizados em formações interdisciplinares enfraquece objetivamente a coletividade, tanto do diploma (como resultado da aprendizagem colectiva) como dos direitos colectivos de emprego após a licenciatura (Stamelos, 2009).

2.4 Instrumentos do EEES

Com o tempo e com o desenvolvimento gradual do EEES, uma série de ferramentas são integradas ou adoptadas para dar resposta às suas necessidades. Apresentamos de seguida três deles.

2.4.1Sistema Europeu de Transferência e Acumulação de Créditos (ECTS)

O ECTS foi associado à mobilidade europeia e ao programa Erasmus, como um mecanismo de acumulação e transferência de unidades de ensino, um elemento essencial para o desenvolvimento da mobilidade, a prioridade fundamental das políticas europeias. Posteriormente, o ECTS adquiriu um conteúdo absolutamente coordenado e claro, cujo objetivo era a sua completa implementação, não apenas a nível da UE, mas em todo o continente europeu (http://ec.europa.eu/education/ects/ects en.htm).

No entanto, o ECTS compromete-se, na medida em que não pode funcionar fora da aprendizagem centrada no estudante e da lógica dos resultados da aprendizagem. Mesmo o seu cálculo qualitativo é efectuado com base na carga de trabalho dos estudantes e não com base na conceção centrada no professor das horas de trabalho do pessoal docente. Além disso, não existe nenhum meio aceite de passar da visão de um programa de estudos centrada no professor para a aprendizagem centrada no aluno. Consequentemente, na sua forma atual, o ECTS não pode ser entendido, ou aceite, para além da aprendizagem centrada no estudante.

2.4.2Quadro Europeu de Qualificações (QEQ)

Faltava na construção europeia global um mecanismo comummente aceite para o tratamento dos diplomas baseados em qualificações. Este mecanismo facilitaria a leitura dos diplomas no ensino superior europeu e, paralelamente, no mercado de trabalho europeu. A partir dos Descritores de Dublin (http: //ecahe.eu/w/index.php/Dublin Descriptors) e de trabalhos paralelos a nível nacional e europeu, foi criado um quadro europeu de qualificações, com oito níveis, em que o ensino superior ocupa os níveis 6 (licenciatura), 7 (mestrado) e 8 (doutoramento).

Cada nível é descrito em termos de conhecimentos, competências e aptidões (http://ec.europa.eu/ploteus/content/descriptors-page). É interessante o facto de o QEQ não ser imposto aos Estados Membros da UE. Pelo contrário, os Estados Membros são convidados a criar o seu próprio quadro nacional de qualificações e a harmonizá-lo com o quadro europeu. De facto, nem sequer é essencial que os níveis nacionais sejam compostos por oito níveis, como o europeu.

É claro que, na realidade, todos os Estados-Membros estão sob pressão indireta para se adaptarem aos oito níveis, na medida em que, caso contrário, as dificuldades que enfrentam para se alinharem com o QEQ aumentam. Entretanto, por outro lado, os Estados-Membros não são receptáculos passivos. Por exemplo, a Irlanda adoptou mais níveis, a Dinamarca preferiu estar de acordo com o QEQ apenas nos níveis 6, 7 e 8 do ensino superior, enquanto a Alemanha se interessou sobretudo pela educação não formal. Apesar disso, Portugal, que colocou o nível dos seus diplomados do ensino secundário em '3', enfrentou problemas significativos, uma vez que os outros Estados o tinham colocado no nível '4'. Por exemplo, o nível '3' não dá acesso ao ensino superior nos outros Estados europeus. Assim, se Portugal insistisse na ideia inicial de colocar o certificado de conclusão do ensino secundário no nível '3', acabaria por enfrentar problemas de acesso dos seus diplomados do ensino secundário a outras instituições europeias de ensino superior, bem como problemas nas suas próprias universidades relativamente à garantia de qualidade, uma vez que estariam a admitir estudantes do nível '3', enquanto no resto da Europa isso não seria aceitável. Por esta razão, o governo português procurou alterar o quadro de qualificações português. O que é interessante neste caso é que, embora a UE tenha desempenhado um papel importante no QEQ, a sua implementação foi efectuada de forma a que os Estados Membros pudessem parecer proteger o seu sistema nacional de ensino superior. Também aqui temos um exemplo de como o desenvolvimento de uma política europeia se processa de tal forma que as fronteiras entre a responsabilidade e a iniciativa nacionais e europeias são indistinguíveis. Desta forma, o europeu transborda para o nacional e é considerado como uma coisa só.

Por outro lado, se um Estado não tiver o cuidado de desenvolver e validar um quadro nacional de qualificações, corre o risco de ficar isolado, uma vez que, a partir de 2016, todos os diplomas devem exprimir claramente o nível em que se integram, no contexto da facilitação da mobilidade educativa e profissional.

Em última análise, qual é o principal desafio? De um ponto de vista tradicional, com Estados nacionais poderosos e dominantes, existe o perigo de a maioria dos Estados perder os seus melhores cérebros e de uma fuga incontrolável de cérebros para alguns países europeus fortes e robustos. Numa potencial integração europeia, seria criada uma nova classe média de trabalhadores altamente especializados, que poderiam circular livremente pelo continente europeu, considerando o espaço europeu como uma casa comum. O futuro mostra-o.

2.4.3Garantia de qualidade

A garantia da qualidade no ensino superior começa por ser uma questão horizontal no famoso Memorando de 1991 (Comissão Europeia, 1991), para evoluir muito rapidamente para um pilar da estrutura europeia, uma vez que está diretamente ligada ao desenvolvimento da confiança, que é vista como um pré-requisito para a promoção da mobilidade e do reconhecimento mútuo dos diplomas e, por extensão, dos diplomados como uma força de trabalho especializada.

Não é por acaso que foi criado um organismo independente, a Associação Europeia para a Garantia da Qualidade no Ensino Superior (ENQA) (http: //www.enqa.eu), que assumiu um papel importante. A metodologia para a criação deste organismo é a mesma, oficialmente comunitária. Mais concretamente, ao mesmo tempo que foi criado um modelo europeu, as conhecidas normas e diretrizes (ESG) (http: //www.enq a. eu/index.php/home/esg/), foram criadas agências nacionais de garantia da qualidade, encarregadas de avaliar o ensino superior nos seus Estados. Cada Estado desenvolveu os seus próprios objectivos e instrumentos para a sua aplicação (por exemplo, avaliação para melhoria, avaliação para acreditação, avaliação institucional, avaliação de programas de estudos, etc.). No entanto, foram chamados a integrar-se na ENQA após a avaliação externa da sua agência nacional. A avaliação determinou se a metodologia adoptada estava em conformidade com a metodologia europeia do ESG. A integração na ENQA é de importância fulcral para o reconhecimento internacional das avaliações nacionais e, por conseguinte, das instituições avaliadas. Caso contrário, corre-se o risco de ser excluído dos projectos internacionais e do financiamento europeu. Por exemplo, a Grécia, que se atrasou na criação do mecanismo em questão, recebeu uma ameaça deste género por parte da UE. Por outro lado, esta ameaça nunca foi concretizada, mesmo nalguns casos extremos de não avaliação, que continuam incompletos. A ameaça foi utilizada mais como um meio de pressão para a formação e a realização das avaliações. Por último, as agências nacionais que não seguiram as ESG foram sujeitas a pressões. A Suécia é um exemplo de um desses casos.

A garantia da qualidade, bem como a avaliação enquanto mecanismo para a sua implementação, representam um poderoso desafio para o ensino superior, na medida em que nunca foi fornecida uma definição única de qualidade e, com base na bibliografia internacional, sabemos que existem muitas e variadas definições (Harvey e Green, 1993). A aceitação de uma definição terá claramente implicações políticas.

2.5 Desafios políticos do EEES

O EEES não é uma colaboração harmoniosa e desimpedida dos Estados em matéria de ensino superior. É basicamente, e acima de tudo, um campo de competição tanto político como estatal, e ao mesmo tempo supranacional. É também um domínio em que se exercem tanto as capacidades de negociação como a vontade de compromisso. De seguida, daremos alguns exemplos indicativos.

2.5.1A dimensão social dos estudos universitários

O processo de Bolonha começa numa altura em que a maioria dos Estados poderosos da Europa é governada por partidos neoliberais. É mais ou menos a mesma altura em que o Processo de Lisboa é formado e aprovado no quadro da UE. Consequentemente, o seu raciocínio e os seus objectivos estão de acordo com as prioridades políticas desses partidos.

Mais tarde, porém, e até meados da primeira década do século XXI, os partidos sociais-democratas ganham força, elegendo governos bastante poderosos. Assim, no Processo de Lisboa, conseguem, até 2005, aprovar uma série de modificações que distorcem o seu aspeto exterior e resultam no seu fracasso (2010). E no Processo de Bolonha, por um lado, entram outras potências como a UE, a associação de estudantes, a união das universidades europeias, etc., e por outro, aparece e desenvolve-se pela primeira vez o conceito de dimensão social do ensino superior (no Comunicado de Berlim). Esta dimensão, embora nunca tenha conseguido tornar-se dominante, desempenhou e continua a desempenhar um papel de contrapeso e de quebra-ondas nas tentativas de elevar a responsabilidade social do Estado, enquanto expressão de uma coletividade social, pelo ensino superior (Weber e Bergan, 2005).

Essencialmente, a dimensão social é o ponto de conflito de duas políticas. Por um lado, aquela que pretende que o ensino superior seja uma responsabilidade e um interesse exclusivamente privados e, por outro, uma política que vê o ensino superior como um bem social e, consequentemente, como um objeto da política de responsabilidade social (Kladis, 2006; Ponten, 2007).

É interessante que seja a UE, que parece ter encontrado um campo privilegiado para o desenvolvimento de políticas em oposição às posições de um certo número de Estados (Comissão Europeia, 2011), a insistir particularmente no dever social.

A dimensão social contém, resumidamente, quatro dimensões: acesso, estudos, apoio ao estudante e apoio à conclusão do curso. Nesta base:

A. Devem ser asseguradas múltiplas e variadas formas de acesso ao ensino superior para que populações diferenciadas tanto em termos de idade como ao nível das necessidades possam ser integradas.

B. Os tipos e modalidades de estudos para que as diferentes populações possam seguir um programa de estudos (tradicional, à distância, a tempo parcial, etc.).

C. Os mecanismos de apoio ao estudo que têm uma relação direta com os estudos (tutoria, novos métodos de ensino, etc.) ou com disposições sociais (residências universitárias, restaurantes para estudantes, infra-estruturas para crianças cujos pais são estudantes, etc.).

D. Mecanismos de mediação entre os diplomados e a sociedade, nomeadamente o mercado de trabalho.

De facto, a UE parece usar a dimensão social para enfatizar a mobilidade e a internacionalização dos estudos (Comissão Europeia, 2013). A essência parece residir na tentativa de apoiar o mecanismo emblemático da UE, ou seja, o programa Erasmus (Comissão Europeia 2014). Este programa, que se tornou o porta-estandarte da identidade europeia da nova geração, é alvo de críticas documentadas, uma vez que o patrocínio comunitário não é suficiente para a mobilidade de todos, facto que o torna socialmente parcial. Relacionando a mobilidade com a dimensão social, a UE pressiona para o desenvolvimento de políticas de apoio à dimensão social, esperando a restrição do significado da origem social dos estudantes no desenvolvimento da sua mobilidade.

2.5.2 Entre a cooperação e a concorrência

O Processo de Bolonha desenvolve um discurso legislativo, que se baseia, por um lado, na cooperação entre os Estados participantes e, por outro, na atratividade do EEES formado para o mundo exterior. Com esta lógica, são criados instrumentos comuns que facilitam o aumento da cooperação. O pensamento comum subjacente aos programas de estudo e aos mecanismos do EEES (ECTS, etc.), a garantia de qualidade como meio de aumentar a confiança mútua, a mobilidade como mecanismo de internacionalização e, mais recentemente, os programas de estudo comuns, etc., são exemplos disso.

Apesar disso, a imagem inicial e idílica de uma cooperação admirável e honesta não se verifica na realidade, uma vez que a lógica da concorrência faz parte integrante da criação do EEES e diz respeito tanto aos Estados-Membros como às instituições (Huisman e Van der Wende, 2004, 2005).

A. Os estados-membros

A1. Concorrência entre os Estados do EEES para atrair estudantes e investigadores de outros Estados do EEES.

A2. Concorrência dos Estados membros do EEES na atração de estudantes e investigadores de outros Estados fora do EEES.

Neste contexto, as políticas nacionais tradicionais de atração de estudantes estrangeiros não só não são limitadas como adquirem uma nova dinâmica no contexto da luta pela influência global ou regional, tanto a nível económico e político como a nível cultural.

B. As instituições

Com a retirada ou restrição drástica do Estado no financiamento das instituições de ensino superior, as várias instituições são pressionadas, com a sua própria sobrevivência em jogo, a procurar novos recursos que se encontram quer na atração de estudantes de outros estados, quer na atração de investigadores e de investigação competitiva (Estermann e Clayes-Kulik, 2013; Estermann, Benetot e Clayes-Kulik, 2013). Em todo o caso, as instituições poderosas parecem tornar-se mais poderosas, criando o que se designou, com algum processo de metamorfose lexical, por "centros de excelência".

O que provavelmente deve ser sublinhado aqui é que uma das peculiaridades básicas das universidades eram as suas relações e intercâmbios internacionais através da colaboração de investigadores. É claro que sempre existiu uma dimensão política, no sentido em que o poder da época, dependendo do período histórico (igreja, imperador, monarca, estado-nação), influenciava a política de atração de estudantes estrangeiros (Stamelos, 1990). Apesar disso, a colaboração entre colegas tinha raízes poderosas e uma tradição no seio da universidade. Com a criação do EEES e a concorrência que este promoveu, num momento de insegurança para as instituições, estas são forçadas a lutar pela sobrevivência, sobretudo económica, num contexto que, programaticamente, defende a promoção da cooperação. Este ponto parece evidenciar uma contradição significativa no quadro do processo de Bolonha.

Apesar disso, não devemos descurar a UE, que, no âmbito do processo de Bolonha, actua como um ator independente e, na verdade, poderoso. A UE compete indiretamente com os poderosos Estados-Membros, na medida em que aspira à criação de um espaço económico, político e cultural europeu comum. Por exemplo, com a criação de sectores de prioridade europeia e com o seu instrumento fundamental de promoção política (http://ec.europa.eu/growth/sectors/index en.htm), os programas de financiamento europeus, a UE tenta criar uma realidade paralela para além da concorrência tradicional. De qualquer modo, com base nos sectores de interesse, parece concentrar-se em sectores de interesse económico, negligenciando totalmente tudo o que tenha a ver com estudos humanos ou sociais. Isto é claro na lista de "sectores de interesse europeus" que são: indústrias aeronáuticas, indústria automóvel, biotecnologia, produtos químicos, construção, cosméticos, economia de defesa, economia digital, indústrias de engenharia eléctrica e eletrónica, moda e indústrias criativas, indústria alimentar, jogos de azar, indústrias de cuidados de saúde, indústrias marítimas, equipamentos sob pressão e aparelhos a gás, matérias-primas, metais, minerais e indústrias florestais, dispositivos médicos, espaço, turismo e brinquedos (Stamelos e Vasilopoulos, 2013).

2.5.3O caso das universidades e da governação universitária

Os professores universitários estão a viver o colapso do seu trabalho e do seu estatuto económico. Se isto se deve ao desenvolvimento do EEES ou se teria acontecido de qualquer forma, é questionável. Os desenvolvimentos do outro lado do Atlântico não deixam margem para muitas dúvidas. O mesmo acontece com as políticas correspondentes que foram aplicadas no Reino Unido na segunda metade da década de 1980[6] . Em todo o caso, os professores universitários não estão satisfeitos no quadro

[6] O resultado destas reformas do governo de Thatcher, na segunda metade da década de 1980, é descrito de forma excecional por David Lodge, linguista, professor universitário e romancista reconhecido mundialmente. No seu livro *Nice Work*, descreve a lógica subjacente à política implementada. O governo não conseguia compreender como era possível uma organização funcionar eficientemente e ao menor custo possível quando todos tinham direitos iguais e acesso igual aos centros de decisão. De um ponto de vista, em cujo centro estava a empresa e a sua função, a universidade, tal como a empresa, deveria ter uma direção composta por muito poucos membros que decidiriam pela massa dos "trabalhadores" da empresa: Quem fica, quem vai, o que será feito e com o menor custo. Edição grega: David Lodge. (1998). Nice Work, Publicações Polis, Atenas, página 393.

do EEES, pelo menos a maioria deles. De facto, parece que se está a criar um profundo abismo entre os mais velhos, com direitos estabelecidos, e os investigadores mais jovens, com direitos muito limitados ou inexistentes.

A universidade, tal como funcionou durante alguns anos, tinha, como componente estrutural, o professor que dominava as estruturas e os processos dentro da universidade.

As mudanças que estão a ocorrer são extremamente negativas a diferentes níveis da instituição universitária.

Em primeiro lugar, a nível administrativo. No contexto do EEES, parece estar a ser promovida a ideia de um modelo duplo de governação universitária, com um Comité e uma equipa senatorial, ou o modelo de um órgão único. Em todo o caso, torna-se evidente a entrada de profissionais externos à instituição e, por vezes, de gestores do sector privado na governação universitária. Esta evolução é fundamentada, por um lado, pela necessidade de uma relação mais estreita entre os estudos universitários e a sociedade e, em especial, o mercado de trabalho e, por outro, pela necessidade de procurar fontes de financiamento e de redução dos custos devido à diminuição do financiamento público e ao aumento dos sectores de interesse da instituição. No entanto, desta forma, o professor não só perde a sua antiga posição de poder dentro da instituição, como também vê o seu estatuto de emprego ser subvertido, na medida em que os postos de trabalho estão continuamente a diminuir e as substituições são feitas por pessoal não permanente, num contexto de má remuneração e insegurança no emprego (Kohler, Huber e Bergan 2006; CHEPS, 2008a, 2008b).

Além disso, na lógica dos cortes e dos estudos "úteis", uma série de especializações em ciências humanas e sociais são consideradas inúteis, sem perspectivas de emprego e, consequentemente, pouco ou nada prioritárias.

A partir daqui, começa uma crítica filosófica e estrutural generalizada, tanto no EEES como nas políticas seguidas, que afirma que a focalização estéril na instrumentalidade profissional dos estudos nega aos estudantes o desenvolvimento de uma série de conhecimentos, competências e aptidões que dizem respeito aos valores morais, aos direitos humanos e à cidadania ativa (Kladis, 2011). Estas lacunas surgem então com aquilo a que nos habituámos a chamar a crise da Democracia e da coesão social, e alimentam as ideologias extremistas, que estão a reemergir sob diferentes formas no continente europeu nos dias de hoje.

Mas o problema não é apenas a limitação do papel do professor universitário na governação da universidade e a alteração do seu estatuto profissional. É também a subversão do que era dado como adquirido ao nível da execução de um programa de estudos. O professor universitário já não está no centro. Agora, o estudante e as suas necessidades estão no epicentro. De facto, estas necessidades são intensamente heterogéneas, o que, no fundo, cria condições de trabalho extremamente difíceis para o professor, que viu também o seu estatuto e a sua influência serem drasticamente reduzidos.

Assim, o professor universitário transforma-se em funcionário e de elemento estrutural da instituição passa a elemento secundário dispensável, "um trabalhador", facilmente substituível devido à abundância de jovens doutores e pós-doutorados desempregados.

É, de facto, o colapso de um espaço profissional.

2.5.4O problema dos valores morais e democráticos e da cidadania ativa

As políticas de ensino superior a nível europeu, voltadas com vigor para o problema do desenvolvimento económico e da integração no trabalho, parecem silenciar uma série de problemas que se desenvolvem hoje em dia e que não se integram fácil ou diretamente numa perspetiva estritamente económica.

As sociedades europeias estão a ser abaladas por problemas causados pela exclusão social de grupos significativos da população, em resultado da rutura dos laços da rede social e da redução do Estado-providência no período pós-guerra. Como reação, as exclusões conduzem a ideologias extremistas e a actos de violência, como o racismo numa variedade de matizes e tendências, desde o nazismo e o fascismo tradicionais até à insensatez mais recente dos grupos islâmicos extremistas (Stamelos, Vasilopoulos e Kavasakalis, 2015).

Uma Europa que, durante anos, orientou unidimensionalmente todo o seu sistema educativo para a profissionalização, começa hoje a aperceber-se de que, para além do desemprego dos jovens, um problema igualmente grave é a falta de valores morais e democráticos que conduzam ao funcionamento participativo da sociedade.

A verdade é que algumas instituições europeias, como o Conselho da Europa, estão conscientes dos perigos há já algum tempo. Mas o Conselho da Europa não dispõe de meios para exercer qualquer influência prática na definição das políticas nacionais ou europeias.

É igualmente verdade que também a UE tem vindo a considerar, desde há anos, o problema da coesão social e a necessidade de desenvolver não só competências e aptidões úteis, mas também sociais e (inter)culturais, bem como a necessidade de desenvolvimento da cidadania (Comissão Europeia, 2012). Mas também é verdade que estas políticas se encontravam, e encontrarão sempre, na sombra das políticas económicas. Em todo o caso, as diferenças entre os Estados europeus sobre esta matéria são enormes. Apesar disso, o facto de estas políticas não serem dominantes não significa que não existam. Elas existem e parece que se atribui grande importância ao papel da universidade como órgão de desenvolvimento da cidadania ativa e do diálogo intercultural (Stamelos e Vassilopoulos, 2014).

Por outro lado, o conflito torna-se evidente quando, por um lado, as políticas de ensino superior pressionam no sentido da profissionalização dos estudos e da ligação ao mercado de trabalho e, por outro lado, todas as formas de programas de estudo relacionados com o desenvolvimento de valores, ideias e compromissos morais são consideradas insustentáveis e estão em vias de extinção.

Na base desta contradição crucial, é de importância decisiva (embora não especialmente conhecida) o facto de, no quadro dos direitos fundamentais da UE, existir uma série de direitos para o desenvolvimento, como a dignidade humana, a liberdade, a igualdade, a solidariedade ou a justiça (http://eur-lex.europa.eu/legalcontent/EL/TXT/?uri= URISERV:133501).

O que é que tudo isto nos mostra? Que o EEES é um espaço dinâmico onde forças opostas se desenvolvem, se confrontam, negoceiam e se comprometem, modificando-o de uma forma por vezes imprevista e inesperada.

2.6 O EEES e o sistema grego de ensino superior

2.6.1 Porque é que as universidades gregas são hostis ao processo de Bolonha

Nas últimas décadas, a universidade grega considerou uma honra o facto de um número significativo dos seus diplomados ter sido aceite pelas universidades mais conhecidas do mundo e de alguns deles se terem tornado famosos a nível mundial. Consequentemente, podia orgulhar-se do facto de estar em posição de acompanhar a produção internacional de conhecimentos e de os difundir direta e satisfatoriamente aos seus estudantes. Devido à dimensão do Estado, bem como ao desenvolvimento e à estrutura da sua economia, a questão da investigação não é apresentada como uma questão crucial, embora, quando o foi, tenha sido bem recebida (Stamelos e Karanatsis, 2002).

Após o fim da Segunda Guerra Mundial e da guerra civil, a universidade envolveu-se de forma quase inevitável nas anomalias políticas da época (1949-1974) e, consequentemente, na profunda fratura social que se gerou.

Por isso, com a restauração da democracia em 1974, a exigência social fundamental era a "democratização" da universidade. A democratização da universidade tinha duas vertentes. Dizia respeito, sobretudo, ao acesso das massas e, em segundo lugar, ao seu funcionamento interno. Por conseguinte, de 1984 a 2004, as políticas implementadas centraram-se na exigência de democratização. Isto foi conseguido, por um lado, com o enorme aumento da dimensão da rede de instituições de ensino superior e com um quadro institucional que visava a democracia interna da instituição (N.1268/1982) e, por outro, com o enriquecimento da rede existente. O alargamento e o enriquecimento impressionantes da rede nunca foram efectuados com base nas necessidades reais do mercado de trabalho. O interesse centrou-se, antes de mais, na exigência de "democratização". Isto acabou por ter aspectos positivos e negativos. Por um lado, conseguiu aumentar o número de estudantes que entraram, de 20-25% no final dos anos 70, para 70-80% atualmente. Por outro lado, produziu um grande número de licenciados que não podiam ser facilmente absorvidos pelo mercado de trabalho; algo que levou à desilusão e à reprodução do sistema clientelista, uma vez que a rede social, ou seja, política, desempenhou um papel importante na procura de emprego (Stamelos, 2015).

Assim, as políticas implementadas, por um lado, corresponderam às expectativas sociais, facto que contribuiu para a estabilidade política e, por outro lado, conduziram a um beco sem saída, uma vez que a rede sobredesenvolvida de ensino superior foi apoiada exclusivamente por financiamentos estatais e programas de apoio europeus.

Outro problema grave foi de natureza política e pode ser utilizado como exemplo de como as políticas globalizadas ou, pelo menos, europeias, têm efeitos sobre as políticas nacionais. A Diretiva 89/48 criou um grande problema político na Grécia devido ao desenvolvimento da oferta educativa sob a forma de uma espécie de franchising. No caso da Grécia, durante os anos 90, uma série de estruturas educativas não classificadas, conhecidas na altura como *laboratórios de estudo gratuitos*, entraram em contacto com instituições maioritariamente inglesas e propuseram programas de estudo comuns. Com base no quadro institucional europeu, a Grécia deveria ter reconhecido os seus diplomas, uma vez que ostentavam no seu título a *instituição de ensino superior* de um país que era membro da UE. No entanto, o artigo 16º da Constituição grega proíbe o ensino superior privado. Desde então, uma série de processos judiciais no Tribunal Europeu (TCE) condenaram a Grécia, ao contrário dos tribunais gregos que, com base na Constituição grega, decidem de forma diferente. Esta parece ser a razão pela qual a Grécia, ainda hoje, não aplicou o Acordo de Lisboa relativo ao reconhecimento dos diplomas.

Tendo isto em conta, a Grécia, por um lado, não pode fazer mais do que seguir os outros países da UE na implementação do Processo de Bolonha, mas, por outro lado, o país é hesitante, se não mesmo indiretamente hostil, em relação a este processo e às suas perspectivas.

2.6.2A Grécia no contexto do Processo de Bolonha

Se tivéssemos de descrever numa frase o papel da Grécia no Processo de Bolonha, seria o seguinte: vota (por necessidade) nas decisões, mas faz questão de atrasar a sua aplicação.

O primeiro choque para o ensino superior grego foi a arquitetura de Bolonha. O principal problema foram os estudos de três anos no primeiro ciclo de estudos. As reacções foram violentas, razão pela qual a Grécia desempenhou um papel de liderança na introdução do texto final com a conhecida frase "pelo menos", que tornou as disposições iniciais mais flexíveis. Assim, a Grécia resolveu o seu problema fundamental, uma vez que insistiu que o bacharelato deveria ter uma duração de quatro e não de três anos.

No entanto, a maior tensão veio das disposições sobre a necessidade de estabelecer um sistema de garantia de qualidade para os institutos de ensino superior. A reação foi tal que se pode falar de uma revolta (Kavasakalis e Stamelos, 2014).

A verdade é que, desde os anos 80, havia disposições legislativas que falavam da necessidade da existência de um sistema de avaliação (diferente de cada vez, consoante o estatuto), mas que nunca tinha sido aplicado na prática (Stamelos, Vasilopoulos e Kavasakalis, 2015).

Paradoxalmente, as universidades gregas estão entre as primeiras a participar no programa-piloto europeu "Programa Piloto Europeu de Avaliação da Qualidade do Ensino Superior". Mais especificamente, no período de dois anos 1994-1996, participaram duas instituições gregas. Além disso, as universidades gregas começaram a participar no programa CRE/EUA "Avaliações Institucionais", que teve início em 1994. Esta participação surgiu tanto do desejo do Ministério da Educação de realizar as avaliações institucionais internacionais do Programa de Avaliação Institucional (PEI) como do desejo das próprias universidades de participarem voluntariamente num processo internacional. Desde então, até 2005, oito instituições gregas de ensino superior participaram no programa[7] . Simultaneamente, no biénio 1998-2000, foram realizadas avaliações nacionais do ensino superior com base na ação *"Avaliação das instituições de ensino superior"*, financiada pelo *1.°Programa Operacional da Educação e Formação Profissional Inicial* (P.O. 'Educação' 1). O objetivo central, de acordo com a descrição da ação, era a avaliação tanto do trabalho educativo realizado nos IES e nos TEI (Institutos de Educação Tecnológica), como dos serviços por eles prestados. No total, foram aprovadas 85 propostas e, como resultado, no biénio 1998-1999, 14 das 18 IES do país e 11 das 14 IET participaram com propostas institucionais ou departamentais (Kladis, 2000).

Se alguém tentar compreender a contradição que existe aqui, deve considerar, em primeiro lugar, a tradicional falta de confiança entre o Ministério e as instituições. Esta falta de confiança é alimentada por um discurso inflamado, tanto por parte de uma parte significativa do mundo político, como por parte dos meios de comunicação social, que falaram de uma enorme crise e declínio das instituições gregas de ensino superior, na tentativa de legalizar a necessidade da sua avaliação. Esta crítica não parece ser fácil de fundamentar com base nos dados existentes (HepNet, 2013, 2014). No entanto, o resultado é impressionante.

Dez anos mais tarde, a Agência Helénica de Garantia da Qualidade e Acreditação goza de grande aceitação, tanto por parte do Estado como dos institutos, as avaliações decorrem sem reacções significativas, enquanto nem os políticos, nem os meios de comunicação social, nem os pessimistas que a rejeitaram parecem ter razão e, consequentemente, encontram-se claramente numa posição politicamente embaraçosa.

Por outro lado, a análise dos seus opositores revelou uma mudança interessante. Essencialmente, foi a UE e as suas políticas que foram atingidas por um raio (Kavasakalis, 2011). Numa universidade que era o campo privilegiado do pensamento de esquerda, a necessidade de estabelecer um sistema de garantia de qualidade foi interpretada como uma intervenção e invasão externa, e foi confrontada em termos de resistência nacional-patriótica, ver rebelião. A isto juntava-se a crítica ideológica de que as políticas europeias não podiam deixar de ter um carácter neoliberal e, consequentemente, eram vistas como uma tentativa de mercantilização da aprendizagem e de privatização do bem público da educação.

E agora chegamos ao grande desafio (político), que diz respeito ao ensino superior grego no âmbito do EEES.

---

[7] É de salientar que o custo das avaliações foi integralmente suportado pelo Ministério.

A massificação do ensino superior grego e o alargamento da sua rede foram legitimados pela exigência social de "democratização". Se a lógica básica do EEES assenta numa profissionalização estreita e unidimensional dos estudos e na sua ligação direta às necessidades do mercado de trabalho, então o ensino superior grego sofre de uma contradição fundamental, na medida em que a Grécia é um país com uma base de produção limitada e um mercado de trabalho em dificuldades. Consequentemente, uma política que visa a ligação de um ensino superior existente a um mercado de trabalho inexistente (ou fraco) cria uma enorme contradição e uma intensa desarmonia entre a política e a sociedade.

Este último reforça a desilusão e a reação social tanto em relação à elevada taxa de desemprego (25% no total, mais de 50% para os jovens) como em relação a outros problemas que surgem, como as várias vagas de imigração, criando um clima explosivo e uma profunda crise de confiança entre a classe política e a sociedade e entre as instituições (como a universidade) e as necessidades sociais (se os estudos superiores forem vistos unidimensionalmente como profissionais).

Por último, mas de longe o ponto menos importante, tem a ver com o significado do desenvolvimento de políticas supranacionais, aqui europeias, e as inversões que provocam nos meios de análise que um investigador pode fazer. Se, então, a base de análise é o Estado-nação, então a abordagem acima é fundamentada. Se a base de análise não for o contexto nacional, mas o europeu, então a nossa abordagem não é fundamentada. De facto, neste caso, o facto de, por exemplo, milhares de jovens gregos licenciados em engenharia e medicina imigrarem para países europeus (como a Alemanha ou o Reino Unido) não pode ser considerado um problema, uma vez que o espaço europeu é entendido como unificado. Na verdade, poderia até ser considerado como uma boa prática, uma vez que jovens cientistas capazes (Labrianidis, 2012, 2013a, 2013b), (capazes porque são amplamente aceites), a um custo de produção mais baixo, em relação ao custo correspondente noutros países europeus, são educados e constituem um valor acrescentado numa sociedade e economia "europeias".

Talvez o "pequeno" problema resida no facto de estes jovens licenciados terem conseguido ser suficientemente educados pelo Estado grego com dinheiro do contribuinte grego, enquanto contribuem para a prosperidade e o desenvolvimento de outros países. Também aqui, como se pode compreender, aparece a ambiguidade entre colaboração e competição que, em última análise, é benéfica para os países mais poderosos e, como resultado, há um alargamento das diferenças e um reforço das reacções sociais que trazem de volta, com força, estereótipos colectivos e hostilidades que são tradicionais no espaço europeu e que entraram em declínio após a segunda guerra mundial.

2.7 Conclusões

O EEES, quer tenha surgido como uma reação dos maiores Estados-Membros da UE às iniciativas da Comissão, quer como uma reação dos outros Estados à tentativa de impor uma direção por parte dos quatro grandes países da UE, está aqui. De facto, não se trata apenas de questões relacionadas com a estrutura dos estudos, mas talvez sobretudo de uma compreensão diferente do conhecimento, da sua produção e do seu valor. Trata-se, por conseguinte, de uma incisão radical. Apesar disso, o EEES não é um campo de colaboração admirável, sem nuvens e linear. Esconde uma dura concorrência nacional, conflitos, incoerências e contradições. Outras vezes, é utilizado pelos governos nacionais como um mecanismo para impor reformas que são consideradas indesejáveis pelo quadro de funcionamento nacional. Por conseguinte, é uma construção composta.

Países como a Grécia, que, por um lado, não é um país produtor de políticas, mas que, por outro lado, se vê no núcleo da Europa, tentam seguir as suas disposições através de filtros nacionais e de resistência. Centrando-nos na Grécia, o desenvolvimento do EEES é entendido como uma mudança de paradigma, uma vez que é radical. De facto, o sistema grego de ensino superior desenvolveu-se ao longo dos últimos 35 anos com base no modelo de "democratização do acesso", no sentido da sua massificação através do alargamento da rede. Este modelo estava ligado a expectativas sociais reais fundadas na historicidade da experiência do contexto social. Por conseguinte, a política de "democratização" está, por um lado, ligada à necessidade social e, por outro, foi compreendida pelo contexto social. Em última análise, existia uma harmonia entre a sociedade e a política. Este modelo não enfrentou quaisquer problemas desde que o país, por um lado, encontrasse recursos para o manter e, por outro, pudesse proceder a nomeações para postos de trabalho no sector público mais restrito e mais vasto. Apesar disso, era um modelo que não tinha a economia e as necessidades do mercado de trabalho no seu centro.

A integração do ensino superior grego no EEES causou um choque porque se trata de um modelo de desenvolvimento diferente. A ideia básica subjacente ao EEES é a da ligação forte e direta entre o ensino superior e o mercado de trabalho e as suas necessidades. Este é um modelo que talvez responda às necessidades de economias grandes e robustas, como a alemã, mas é duvidoso que reflicta a realidade do mercado de trabalho grego, que é apoiado por empresas muito pequenas e médias e por um grande sector público. Em todo o caso, com o modelo promovido pelo EEES, a massificação do ensino superior grego não parece estar legitimada. Além disso, com as crescentes dificuldades económicas do país, o modelo grego começa a enfrentar dificuldades significativas, tanto no que diz respeito à sua função como à absorção profissional dos seus diplomados. No entanto, o mais crucial é talvez o facto de a política específica começar a não ser compreendida pela sociedade. Consequentemente, começa a criar-se um fosso entre as opções políticas e as expectativas sociais.

Finalmente, a verdade é que, no que diz respeito ao EEES, estamos a falar de uma construção dinâmica em desenvolvimento, que seguirá desenvolvimentos mais amplos. Se a Europa for conduzida à consolidação de egoísmos nacionais e de fronteiras fechadas, o futuro não será risonho. Se a Europa seguir o caminho que escolheu no rescaldo da última guerra, então há duas perspectivas: ou a suserania dos Estados poderosos e a redução dos outros ao seu interior, ou a perspetiva da federalização do espaço europeu. O ensino superior acompanhará, por definição, os desenvolvimentos mais alargados. O panorama atual não deixa muito espaço para o otimismo. Ao mesmo tempo, as políticas relevantes parecem não ser compreendidas pelos seus contextos nacionais, um elemento que leva a uma cisão na relação sociedade-política, algo que é especialmente perigoso para o funcionamento democrático de um país, como mostra o exemplo grego.

Capítulo 3

Democracia versus mercado: os paradoxos da universidade grega

3.1 Introdução

Após décadas de estagnação, o ensino superior grego começou a desenvolver-se na década de 1980, e o objetivo central do seu desenvolvimento era a democratização. Democratização significa duas coisas: a abertura ao maior número possível de estudantes e a transição de um modelo oligárquico de governação para um novo modelo democrático, o da governação partilhada.

As mudanças na governação a nível internacional e a tentativa de ligar o ensino superior ao mercado resultaram em desintegração. Esta desintegração atingiu o seu auge com a atual crise da dívida, que teve duas consequências importantes: o financiamento público diminuiu sem ser complementado por outras fontes e o Estado deixou de funcionar como o principal empregador de licenciados. Por isso, estamos hoje perante um novo fenómeno. As IES gregas formam cientistas que têm duas perspectivas: ou embarcam num período indeterminado de desemprego ou subemprego, ou são obrigados a procurar emprego no estrangeiro. Ao mesmo tempo, o fosso entre as IES e um mercado de trabalho estruturalmente limitado está a aumentar. Consequentemente, os estudos superiores (e o custo económico que lhes está associado, tanto ao nível da preparação para o acesso como ao nível do custo do financiamento), que, durante 30 anos, asseguraram a mobilidade social e económica ascendente, já não podem desempenhar esse papel. Assim, o descontentamento e a desilusão social aumentam e têm tendência a transformar-se em raiva contra a sociedade e as suas instituições, fenómeno que se exprime, por vezes, como raiva contra o funcionamento geral da sociedade e das suas instituições democráticas.

Neste capítulo, analisaremos a formação e a função do campo universitário na Grécia, e o seu objetivo básico, a democratização, no período de 1974-2009, que começou com a restauração da democracia em 1974 e termina com o início da atual crise económica. Em seguida, centrar-nos-emos na dupla mudança, na governação e na tentativa de alterar as relações entre o campo universitário e o ambiente económico. Finalmente, investigamos as consequências das mudanças no contexto da atual crise da dívida.

3.2 O campo universitário grego e a sua democratização

O termo universidade surgiu na língua grega por volta de 1800. A primeira universidade da Grécia, a atual Universidade de Atenas, foi fundada em 1837, na sequência de discussões sobre a possibilidade de fundar e abrir ração de um instituto de ensino superior num reino escassamente povoado e pobre (como era o Estado grego quando foi criado). Foi a primeira universidade dos Balcãs e uma das primeiras do mundo cristão ortodoxo, depois da Universidade de Lomonosov, em Moscovo, fundada em 1775.

Desde o início, a Universidade de Atenas teve quatro missões principais: constituiu a identidade grega moderna, formou funcionários públicos, mas também a elite dominante do Estado e, finalmente, após a guerra civil (1946-1949), esteve envolvida na divisão da Grécia e funcionou como um mecanismo ideológico do grupo político dominante. Seguindo o modelo das universidades ocidentais, era composta por quatro escolas: Teologia, Ciências Jurídicas, Medicina e Filosofia. O estudo era uma despesa pública e estava salvaguardado pela Constituição.

A Universidade de Atenas foi o único instituto "superior" no reino grego e no mundo de língua grega até à fundação da Universidade de Salónica, em 1924. A partir de 1910, foram formuladas ideias para a fundação de outras universidades. Esta ideia foi concretizada com a modernização dos estabelecimentos de ensino existentes e a criação de novos, cujo principal objetivo era a formação técnico-profissional dos jovens e a sua inserção no mercado de trabalho.

Em primeiro lugar, as instituições existentes foram modernizadas. A reconstrução de Atenas e a construção de palácios reais em 1836 revelaram uma enorme falta de técnicos. Para colmatar esta lacuna, foi criada, em 1837, a *Escola Real de Artes*, que passou a designar-se *Escola de Artes Industriais* em 1862 e, em 1872, a *Politécnica Nacional Metsovio (Universidade Técnica Nacional de Atenas, NTUA)*, reconhecida como equiparada à Universidade.

No espírito desta mudança de orientação, após 1880, para o ensino técnico-profissional, foram fundadas em 1929 duas novas instituições, a *Escola Superior de Economia e Negócios* (atual Universidade de Economia e Negócios de Atenas) e a *Escola Superior de Agricultura de Atenas (*atual Universidade Agrícola de Atenas). A mesma lógica esteve subjacente à fundação de duas novas instituições por particulares e organismos profissionais fortemente influenciados pelo modelo francês. Em 1930, foram criadas a Escola *Panteio,* cujo ponto de referência era a Escola de Ciências Políticas de Paris, e a *Escola Liberal de Estudos Industriais* (atual Universidade do Pireu), da *Associação dos Industriais e Fabricantes Gregos*, segundo o modelo das Escolas Superiores Comerciais Francesas, com o objetivo de proporcionar uma formação especial aos trabalhadores da indústria.

Após a Segunda Guerra Mundial, em contraste com a massificação das universidades na maioria dos países ocidentais, as mudanças no ensino superior grego foram limitadas. Dizem respeito ao acréscimo de novos departamentos nas IES existentes e ao prolongamento dos estudos nalgumas instituições, que de "institutos de ensino superior" passaram a "universidades".

A evolução acelerou-se a partir de 1964, quando o partido liberal União do Centro chegou ao poder no país, sob a direção de George Papandreou, que adoptou a ideia de *capital humano*. Foi tomada a decisão de criar uma universidade tecnológica em Patras, que começou a funcionar em 1966. Em 1968, um ano após a tomada do poder pelos generais e a instauração do regime militar, a função pública grega assinou um acordo com o Banco Mundial que assumiu a organização da Universidade de Patras. Finalmente, em 1973, foi tomada a decisão de criar mais duas universidades, em Creta e na Trácia.

Após a queda da Ditadura em 1974, o partido de centro-direita Nova Democracia (ND) continuou a política de mudanças lentas no ensino superior. Assim, durante os sete anos em que governaram o país (1974-1981), muito poucas coisas aconteceram no ensino superior. Entre elas, a decisão, em 1977, de criar um politécnico em Chania, que aceitou os seus primeiros estudantes em 1984.

Este período é semelhante, tal como a evolução do número de estudantes. No quadro, apresentamos a sua evolução desde 1860 até 2015. A tabela foi formulada com base em dois critérios: a recorrência e os anos em que ch ocorreram flutuações dignas de nota nos números.

Quadro 1. Estudantes na Grécia 1860-2015[8]

Ano	1860	1870	1880	1889	1930	1960	1970	1980	1990	2000	2010	2015
Estudantes	696	1,244	2,096	3,335	8,466	25,658	72,269	85,718	116,938	147,728	177,676	213,098

Fontes: a) Skarpalezos 1964, apêndice, de 1860 a 1889. b) Estatísticas da educação grega até 1990. Agência de Estatística grega de 2000 até à atualidade: www. statistics. gr/el/statistics/-/publication/SJO01.

Para compreender os números, devemos ter em conta três factores:

Os números referem-se apenas às universidades e não ao ensino superior em geral. Duas conclusões podem ser tiradas. Em primeiro lugar, desde 1860 até à atualidade, o número de estudantes tem vindo a aumentar continuamente. Em segundo lugar, o

[8] Até 1980, são todos os estudantes inscritos. Depois de 1990, são apenas os que frequentam "semestres regulares".

aumento é contínuo mas não especialmente acentuado, com exceção de três períodos. O primeiro período dura cerca de trinta anos, de 1860 até ao início da década de 1890. Algo semelhante, em menor escala, ocorre desde o início da década de 1960 até 1981.

Podemos analisar estas duas constatações comparativamente através do prisma do aumento do número de estudantes na Europa e na América do Norte. No que diz respeito à primeira descoberta, é óbvio que também na Grécia, tal como noutros países ocidentais, o número de estudantes aumenta. Este aumento regista-se em três períodos: nas décadas de 1860 e 1870, na década de 1930 e na década de 1960.

Continuando com a segunda constatação, poderíamos supor que também na Grécia se pode observar uma tendência semelhante à que F. Ringer salientou na Alemanha, França e Inglaterra (Ringer, 1979). Não é exatamente o caso. A taxa de crescimento não é a mesma, o que leva a "convergências" da evolução do número de IES e de estudantes nos países europeus.

Resumindo o aumento do número de estudantes matriculados nas universidades gregas desde o início até 1981, distinguimos três períodos: o primeiro, de 1860 a 1890, é caracterizado pelo grande aumento de estudantes para a época, o que fez com que a Grécia se encontrasse entre os países ocidentais com as percentagens mais elevadas de estudantes na Europa. O segundo período, até 1940, é marcado por um menor desenvolvimento do ensino superior, o que fez com que o número de estudantes se aproximasse das médias europeias. No terceiro período, até 1981, a tendência do pós-guerra mantém-se, o acesso ao ensino superior grego torna-se difícil e o número de estudantes situa-se em níveis comparativamente baixos.

As razões para este aumento descontínuo estão ligadas à formação do Estado-nação grego e ao valor social do diploma. Neste caso, podemos discernir uma tendência habitual, como a analisada por L. Stone para as universidades britânicas desde o século XVI (1975). As necessidades do Estado recém-criado em termos de pessoal traduzem-se numa grande procura de títulos académicos.

A partir do final da década de 1880, prevaleceu a opinião de que o número de estudantes devia ser reduzido, uma vez que a Grécia era o país da Europa com maior número de alunos, proporcionalmente à sua população. Para além da adaptação aos dados dos "grandes" países, para atingir este objetivo, foram utilizados dois outros argumentos, que se condensam nas expressões muito utilizadas até 1940, "desempregados à procura de emprego" e "proletariado espiritual". A segunda expressão foi introduzida a partir da Alemanha[9] e alimentada pelas dificuldades dos licenciados em encontrar emprego. À preocupação com o desemprego dos diplomados junta-se o receio do radicalismo político dos estudantes por parte dos poderes políticos dominantes.

Apesar das mudanças registadas a nível internacional, principalmente após 1930, o movimento no ensino superior grego é limitado. No final dos anos 50, a Grécia encontra-se entre os países com o número mais baixo de estudantes, em proporção à sua população, e mais ainda de estudantes do ensino superior tecnológico. Neste período, e especialmente a partir do início da década de 1960, inicia-se um processo de aumento das admissões, que se acelera após 1964. De 25.658 em 1960, o número de estudantes atingiu 43.411 em 1963, 58.000 em 1965, 72.269 em 1970 e 87.476 em 1981, enquanto o número de estudantes nos institutos tecnológicos superiores permanece particularmente baixo.

Apesar de o número de estudantes ter quadruplicado nos anos 60 e 70, a Grécia continuou a ter uma percentagem comparativamente baixa de estudantes, uma vez que o aumento noutros países ocidentais é mais rápido. Além disso, o aumento não satisfaz a "procura" que se acentuou nessa altura. Assim, cada vez mais jovens recorrem a universidades estrangeiras, inicialmente nos Estados Unidos, na Alemanha Ocidental e em França e, a partir de meados dos anos 60, em Itália.

As coisas mudaram radicalmente com a integração do país na Comunidade Económica Europeia (CEE) em 1981 e a tomada de posse do governo do país alguns meses mais tarde pelo Movimento Socialista Pan-helénico (PASOK). A integração acelerou a abertura e a internacionalização através do estabelecimento de políticas europeias comuns e de projectos de investigação. Ao mesmo tempo, a universidade grega aumenta rapidamente a sua população estudantil. A título indicativo, na segunda metade dos anos 70, cerca de 20% dos jovens estavam inscritos no ensino superior (Sianou, 2010).

As políticas europeias põem em causa a relação triangular Estado-Universidade-Conhecimento e o desafio passa do Estado para a Universidade. Assim, gradualmente, a ação do Estado deslocou-se para um modelo de Universidade em que a descoberta do conhecimento era um objetivo secundário. O seu principal objetivo, durante os

[9] O termo foi introduzido em 1851 pelo jornalista conservador alemão Wilhelm Riehl. Tem ecos do desemprego social das décadas anteriores, mas também da preocupação política de que as revoltas em muitos países europeus na década de 1840 e especialmente em 1848 estavam ligadas às Universidades, aos professores e aos estudantes (Anderson, 2004:127).

últimos 30 anos, tem sido a democratização. Este termo implica sobretudo duas coisas. São elas a mudança do modelo de governação e a admissão de um maior número de estudantes.

No que diz respeito à governação, foi abandonado o modelo "aristocrático" dominante, que copiava o modelo alemão antes da Segunda Guerra Mundial e se baseava num colégio de poderosos professores catedráticos que mantinham relações estreitas com o poder político. Com base na lei 1286/1982, este modelo foi substituído por um modelo com todas as caraterísticas da governação partilhada. Isto significa duas coisas. Em primeiro lugar, uma menor dependência do Estado com a criação de um órgão estratégico, "intermediário", o Conselho Nacional de Educação (CNE, ESYP em grego) - que funcionava como elo de ligação com a sociedade e os parceiros sociais, mas que praticamente não funcionava. Em segundo lugar, a governação a todos os níveis, dos estudos às decisões centrais, é exercida coletivamente pelos estudantes, pelo pessoal não docente e pelo pessoal docente.

Igualmente radical foi a abertura do ensino superior, que se processou de três formas. O ensino universitário foi unificado, foram criadas muitas IET (Instituições de Ensino Tecnológico, semelhantes às Politécnicas britânicas, mas sem qualquer ligação às universidades) e, a partir dos anos 90, foram criados estudos de pós-graduação organizados em grande escala.

Até 1981, existiam quatro categorias de instituições de ensino superior, as universidades e os institutos politécnicos, as chamadas escolas superiores e os C.H.T.P.E. (Centros de Ensino Superior Tecnológico e Profissional, antigos TEI). Numa década, de 1982 a 1991, as Escolas Superiores foram transformadas em universidades independentes ou em departamentos universitários. Para além disso, de 1984 a 2000, foram criadas cinco novas universidades e muitos novos departamentos nas universidades já existentes. Finalmente, o C.H.T.P.E. foi atualizado, passou a chamar-se TEI e os seus programas de estudo de três anos passaram a ser de quatro anos.

Crucial para o alargamento da H.E. foi a adoção em 2002 pelo Gabinete do Governo do seu plano de Planeamento Regional e Desenvolvimento Urbano, segundo o qual "em cada região deve existir um bipolar composto por pelo menos uma universidade multidisciplinar e pelo menos uma TEI multidisciplinar", com vista a um "desenvolvimento regional equilibrado". B Com base neste raciocínio, foram criadas duas novas universidades, novos TEI e muitas novas unidades académicas (departamentos ou faculdades). A estas, juntaram-se duas novas universidades. Assim, em 2009, o H.E. era constituído por 40 instituições, 24 universidades e 16 TEI.

A grande expansão do ensino superior após 1981 reflectiu-se num aumento semelhante do número de estudantes, mais precisamente, o quadruplicar. Num período de trinta anos, o número de alunos nas universidades e TEI quadruplica e de 20.000 chega a 80.000. Ou seja, enquanto no início da década de 1980 20% dos candidatos com 18 anos se matriculavam, hoje o número chega a 80% dos candidatos, distribuídos uniformemente nas universidades e TEI. A expansão é contínua ao longo de todo este período, com pequenas excepções, e acelera particularmente após 1996. Assim, a Grécia, que até ao início dos anos 90 se encontrava entre os países europeus com menor proporção de estudantes, está hoje entre os que têm maior proporção.

"Nos últimos 15 anos", refere a OCDE no seu relatório, "a Grécia registou um aumento dramático das taxas de inscrição no ensino superior. O número de estudantes que concluem o ensino secundário superior aumentou, bem como o número de estudantes que efectuam os exames de acesso à universidade. A procura do ensino superior aumentou, o que se reflecte no número de estudantes que se apresentam aos exames de acesso à universidade, mas o número real de estudantes que entram no sistema em cada ano é determinado pelo Ministério da Educação. O ministério determina o número de estudantes a quem são efetivamente atribuídos lugares e os departamentos em que são admitidos (dentro de numerosas cláusulas estabelecidas pelo ministério). Por conseguinte, o número de novos alunos que entram no sistema em cada ano é determinado por decisão ministerial e não diretamente pela procura dos alunos. As taxas de inscrição aumentaram significativamente de 1999 a 2005, tendo estabilizado e diminuído ligeiramente desde então (...). Em 2007, o último ano para o qual foram comunicados dados à UNESCO, a Grécia tinha uma das mais elevadas taxas de inscrição no ensino superior por 100 000 pessoas na Europa - e, de facto, no mundo (.) Enquanto outros países tiveram aumentos modestos (e algumas diminuições) no período de 1999 a 2007, a Grécia registou um aumento de 52,5%" (OCDE, 2011: 62-63).

A par destes dados, há que ter em conta dois outros factores. São eles o rápido desenvolvimento dos estudos de pós-graduação e o facto de, durante este período, muitos gregos estudarem em universidades de outros países, principalmente na Europa e na América do Norte.

Com a lei 1268/1982, o primeiro governo do PASOK tentou, pela primeira vez, organizar estudos de pós-graduação em grande escala. No entanto, sem sucesso. Os estudos de pós-graduação foram essencialmente organizados em meados da década de

1990, mas desde então o número de estudantes tem vindo a aumentar continuamente. No ano letivo de 2005/06, o número total de estudantes universitários era de 402.393, dos quais 33.234 eram pós-graduados, 28.493 eram doutorandos e 340.766 eram licenciados. Em 2014/15, os números correspondentes são 464.387, 37.298 pós-graduados, 23.156 doutorandos e 403.933 licenciados. Consequentemente, os estudantes do terceiro ciclo nestes dois períodos representam, respetivamente, 15,3% e 15% do número total de estudantes, uma percentagem próxima das percentagens registadas noutros países europeus, sobretudo naqueles em que a licenciatura tem uma duração mínima de quatro anos.

Por último, no que diz respeito aos estudantes gregos nas universidades no estrangeiro, estes eram algumas dezenas no final do século XIX e atingiram 1000 na década de 1920. Após a Segunda Guerra Mundial, o seu número aumentou drasticamente. De 8 717 em 1960, passaram a 14 147 em 1970, 31 509 em 1980 e 32 184 em 1990 (Kiprianos, 1995:606). Na década de 1990, o seu número, como mostra a tabela, aumentou e depois caiu de forma constante até 2011, depois invertido.

Quadro 2: Estudantes gregos no estrangeiro (1999-2013)

1999	2000	2001	2002	2003	2004	2005	2006	2007	2008	2009	2010	2011	2012	2013
66,951	63,676	61,730	55,162	50,531	47,352	41,687	34,452	31,965	28,590	28,864	29,226	29,382	34,140	32,029

Fonte: http://data.uis.unesco.org/Index.aspx?queryid=172.

O número de estudantes gregos nas universidades estrangeiras ganha significado se o compararmos com o número de estudantes gregos na Grécia e com o número total de estudantes que estudam fora do seu país. Os estudantes no estrangeiro representavam 33% dos estudantes na Grécia em 1960; a sua percentagem diminui na década de 1970 e atinge um máximo de 35% em 1980. Em 2001, aproxima-se dos 20% e em 2013 desce para 8,3%.

O panorama do número total de estudantes no estrangeiro é semelhante. Até 2002, a Grécia era, proporcionalmente à sua população, o país com o maior número de estudantes no estrangeiro. A título indicativo, o número de estudantes no estrangeiro a nível mundial foi calculado em 2002 em 1,9 milhões, dos quais 1,78 milhões em países da OCDE. 4,4% dos estudantes dos países da OCDE eram coreanos, 3,3% japoneses, 3% alemães, 2,7% franceses, 2,6% gregos e 2,5% turcos (OCDE, 2004, p. 298). Desde então, a situação mudou radicalmente. Desde 2002, muito menos gregos partiram para estudar no estrangeiro, numa altura em que a mobilidade dos estudantes a nível mundial registou um aumento explosivo e, em 2014, ultrapassou os 4,5 milhões de estudantes.

Apesar disso, há que sublinhar que a política de alargamento do acesso que a Grécia seguiu, e que foi uma política europeia a partir dos anos 90, está exclusivamente ligada à procura democrática de estudos superiores por parte de grandes sectores da sociedade grega. Nunca esteve ligada a um modelo de produção grego e, por extensão, às necessidades de um mercado de trabalho nacional. Mesmo com o planeamento estratégico nacional do início do ano 2000, que, de resto, foi um sucesso, o desenvolvimento regional baseou-se nas necessidades criadas para o alojamento, alimentação e condições de vida dos estudantes que estudam em diferentes partes do país. Apesar disso, é de salientar que a política em causa estava em sintonia com as exigências e ambições sociais e, como tal, gozava de forte legitimação social.

3.3 Uma abertura discutível no mercado

Quais foram as consequências para o Estado grego da democratização após 1982, ao nível da governação e dos resultados? Em primeiro lugar, constatamos que, até ao início do ano 2000, os resultados são avaliados positivamente dentro e fora do país. A título indicativo, o estudo da Eurydice *Two decades of reform in higher education in Europe: 1980 onwards,* publicado em 2000, "De um modo geral, no âmbito das reformas introduzidas até à data, a Grécia conseguiu aplicar o princípio de que a universidade decide e o Estado supervisiona. No âmbito do novo quadro legislativo introduzido, o papel do Ministério limita-se a controlar a legalidade dos procedimentos das IES no que diz respeito ao recrutamento do pessoal docente, enquanto o planeamento do recrutamento do pessoal administrativo foi confiado às próprias instituições.

Assim, o Ministério já não aprova os programas de estudos dos departamentos das IEA. O Estado limita-se agora a tratar de questões estruturais de carácter geral e deixa à universidade e aos organismos sociais a resolução de problemas mais específicos" (Eurydice, 2000: 270-1).

Em breve, o quadro positivo muda. As críticas centram-se em três pontos. O número de estudantes e de instituições de ensino superior é considerado muito elevado e o Estado não tem capacidade para os financiar. No entanto, não se propõe uma redução do número de instituições e de estudantes, nem se coloca diretamente a questão da diminuição do financiamento público, que já era baixo em comparação com outros países ocidentais. Para fazer face ao problema, os dois partidos dominantes da altura, PASOK e ND, propõem a criação de universidades privadas sem fins lucrativos. Desta forma, acreditam que o Estado poderá desvincular-se parcialmente do financiamento do ensino superior e que uma parte dos jovens recorrerá a estas instituições, aliviando as instituições estatais. Ao mesmo tempo, e por razões ideológicas, não é dada às instituições de ensino superior públicas a possibilidade de procurar fontes alternativas de financiamento, como as propinas.

A criação de universidades não estatais sem fins lucrativos constituiu uma questão de intenso conflito público. A sua criação exigia uma alteração da Constituição grega de 1975, segundo a qual o ensino superior é público e assegurado exclusivamente pelo Estado. Depois destas reacções, principalmente dos sindicatos e dos partidos de esquerda, todo o esforço não produziu resultados.

Desde então, todas as tentativas dos governos se centraram em mudanças nas instituições de ensino superior em dois domínios: a governação e a sua ligação ao mercado de trabalho.

A mudança de governação ocorre gradualmente a partir de 2007 e atinge o seu auge em 2011. É acompanhada de críticas intensas à situação atual no ensino superior, que é criticada por dois motivos principais: a sua total ineficiência e falta de transparência a todos os níveis. Em 2007, foi votada a lei 3549 "Reforma do quadro institucional relativo à estrutura e funcionamento das instituições de ensino superior". No relatório introdutório da lei, encontramos uma nova avaliação da estrutura e da função das IES. "Uma preocupação básica e uma convicção generalizada é que o Ensino Superior grego está a atravessar uma crise profunda e duradoura. O sistema de Ensino Superior caracteriza-se pela centralização, introversão e falta de transparência. No seio do IES, observam-se fenómenos como a falta de democracia na escolha e promoção do seu pessoal administrativo, o abuso do conceito de asilo e várias disfunções". (...) "A Lei 1268/1982 contém numerosas imperfeições e um certo número de cláusulas que continuam a ser impossíveis de aplicar na prática. O seu regime tem sido objeto de críticas por parte da própria comunidade académica, pelo que hoje se considera absolutamente indispensável a alteração de cláusulas fundamentais e a sua conformidade com os dados internacionais e europeus no espaço do Ensino Superior".

Prevê-se uma série de medidas para o tratamento dos erros. Para a independência das universidades, propõe-se a criação de programas de desenvolvimento académico de quatro anos pelas universidades em colaboração com a administração central, uma medida pensada pelo professor Claude Allègre em 1988, conselheiro para as questões universitárias do ministro da Educação socialista Lionel Jospin e que, desde então, tem sido implementada em França. Além disso, foi adoptada a elaboração de regulamentos internos em todas as instituições (apenas metade das universidades os possuía), a criação de um Secretariado Institucional para assistir as autoridades reitoras, bem como a possibilidade de as universidades avançarem para a reconstituição de Escolas ou

Departamentos. No que diz respeito ao funcionamento interno, para além de uma série de cláusulas que visam a transparência, reduz-se o poder do Departamento em certas questões, como a eleição dos seus membros, com a inclusão no eleitorado de 1/3 de especialistas exteriores ao Departamento, e delimita-se mais rigorosamente a questão do asilo universitário.

Quatro anos mais tarde, em 2011, foi publicado o relatório da OCDE "Education Policy Advice for Greece". O relatório situa-se no extremo oposto do relatório de 2000, o que levanta questões. Como é que um relatório pode ser, no mínimo, positivo e o segundo, 11 anos depois, intensamente crítico? É certo que os autores dos dois relatórios não são as mesmas pessoas, mas, enquanto peritos, seguem determinados critérios. Em todo o caso, o relatório faz uma referência passageira à lei Giannakou (OCDE, 2011: 63-4), critica intensamente o funcionamento atual do ensino superior grego e recomenda uma série de medidas.

Os principais problemas que constituem um obstáculo à eficácia da universidade são os seguintes

As principais questões dizem respeito a quatro domínios inter-relacionados:

- A falta de capacidade para uma governação e gestão institucionais eficazes;
- Afetação ineficaz dos recursos humanos e financeiros;
- Capacidade limitada para orientar o sistema de modo a obter eficiências essenciais e um melhor desempenho e para manter a dinâmica da reforma durante as mudanças de governo; e
- Financiamento não público limitado e partilha de custos para complementar a subvenção governamental. (OECD, 2011: 76).

A OCDE faz recomendações, algumas das quais dizem respeito a fraquezas óbvias no ensino superior grego, como a fragmentação de várias instituições, a existência de departamentos de pequena dimensão que lutam para satisfazer as necessidades educativas e de investigação e a sobreposição de áreas cognitivas pelas universidades e pelas IET. O relatório centra-se principalmente em dois aspectos: a governação e a afetação de recursos.

"Na perspetiva desta análise da OCDE, as principais disposições que devem ser adoptadas para que a Grécia possa avançar incluem

Reforço da capacidade de governação e de gestão das instituições, a fim de permitir uma descentralização substancialmente maior da autoridade e da responsabilidade do

Ministério da Educação;

Criação de uma nova entidade independente de direção, a Autoridade do Ensino Superior, para assegurar a coordenação global do sistema e liderar a aplicação gradual das reformas; e

Empreender uma reforma fundamental da gestão financeira e dos mecanismos de afetação e controlo dos recursos".

No que diz respeito à governação, a OCDE sugere a instituição de um Conselho, que terá jurisdição em todas as áreas, exceto a académica, que será assumida pelo reitor, que é nomeado, no entanto, pelo primeiro. "Os conselhos de administração (conselhos) devem ter uma dimensão suficiente para acomodar o leque necessário de interesses e permitir a criação de comités especializados, como um subcomité financeiro (...). Os membros externos devem constituir a maioria do conselho de administração. Idealmente, deveriam ser provenientes da indústria e das profissões liberais, e não das fileiras dos académicos reformados. Estes últimos apenas perpetuarão a atual cultura organizacional. As IES precisam de envolver interesses públicos externos e, com a perspetiva de autonomia financeira, estes precisam de incluir conhecimentos financeiros. A comunidade académica deve acolher favoravelmente a criação de conselhos de administração. Os mandatos dos membros externos devem ser sequenciados para garantir a continuidade ao longo do tempo. Os conselhos de administração com uma rotação frequente dos seus membros têm dificuldade em manter a coesão do grupo necessária para uma governação eficaz e os conhecimentos essenciais para abordar questões políticas complexas. (...). O presidente do conselho de administração deve ser escolhido de entre os membros externos, mas deve ser eleito por todo o conselho" (OCDE, 2011: 82).

Quanto ao financiamento, o relatório refere que a Grécia é o único país dos 19 da então UE e da OCDE, com a maior percentagem de financiamento estatal (94%) e o menor financiamento privado (6%), facto que pode ser atribuído, em grande medida, ao facto de a Constituição grega proibir as propinas. Neste contexto, recomenda-se a criação de taxas, bem como uma maior ligação e, consequentemente, um maior financiamento por parte do mundo empresarial. "O baixo nível de despesa privada resulta, em parte, da ausência de propinas para os estudantes, tal como determina a Constituição grega, que declara explicitamente que o ensino superior deve ser gratuito e exclusivamente público. Resulta também de ligações fracas entre as instituições de ensino superior e o sector privado da economia, particularmente no que diz respeito a projectos de investigação conjuntos" (OCDE, 2011: 78).

Pouco depois do relatório da OCDE, em 2011, a lei 4009 "Estrutura, função, garantia da qualidade dos estudos e internacionalização das instituições de ensino superior" foi votada no parlamento grego, por uma vasta maioria. A lei adopta muitos dos elementos do relatório da OCDE, mas com algumas diferenças. Não introduz taxas, uma vez que tal é contrário à Constituição grega, a maioria no Conselho é detida pelos membros internos e não pelos externos, o Reitor não é nomeado pelo Conselho, mas eleito a partir de uma lista de três candidatos que o Conselho escolheu e aprovou.

Como se podem caraterizar estas mudanças? Em primeiro lugar, elas reflectem as que já assinalámos noutros países ocidentais. Também na Grécia se tenta uma transição, embora adiada, para um novo tipo de governação gerencialista. O objetivo declarado é a eficiência face à crise da dívida (Kiprianos et al., 2011). No entanto, com duas diferenças.

Se olharmos para o ensino superior grego ao longo do tempo, diríamos que se trata de um caso caraterístico do modelo oligárquico-burocrático. Funciona sob um controlo estatal asfixiante e, no seu seio, é dominado por um pequeno grupo de professores. Este modelo enfraquece depois de 1982 com a lei 1268. O controlo central permanece, enfraquecido, mas o poder dentro da universidade está disperso graças à abolição da cátedra, ao aumento do número de professores e à forma colegial de funcionamento e de tomada de decisões.

A partir de 2007, tenta-se reconstruir as relações entre o Estado e a Escola Superior de Educação. Os instrumentos básicos para tal são os acordos quadrienais entre as duas partes, baseados em objectivos específicos. Trata-se de uma ideia de carácter simbólico que não agrada àqueles que defendem a retirada total do Estado da educação e imaginam uma universidade absolutamente alinhada com o mercado.

A ideia dos acordos quadrienais é reproduzida na lei 4009/2011, mas não é aplicada. Pelo contrário, numa altura de crise da dívida, duas outras questões são de interesse. Um deles é a viragem para um novo modelo misto com elementos de ambos os tipos de D. Braun que relatámos no primeiro capítulo. Tem como objetivo a eficiência (modelo orientado para a eficiência) no âmbito da redução do financiamento estatal e, ao mesmo tempo, procura clientes (orientado para o cliente/mercado), em primeiro lugar os estudantes.

Para além dos princípios, constatamos que o novo modelo de governação da escola superior grega, introduzido pela lei 4009/2011, difere tanto das recomendações da OCDE como de certos princípios do processo de Bolonha. Os interesses privados, como outras autoridades públicas (por exemplo, os municípios), ou as associações de empregadores não estão representados, uma vez que os empregadores são poucos.

Por outro lado, estão a ser dados alguns passos no sentido da retirada do Estado. Estão a ser introduzidas disposições que dão às instituições de ensino superior a possibilidade de celebrar contratos para o aluguer de transportes para o transporte de estudantes, contratos de limpeza e contratos para a segurança e manutenção das suas instalações, bem como outros assuntos relacionados com as necessidades específicas de cada instituição (artigo 5.º). Estas disposições revelam a tendência para a privatização de algumas das funções das universidades e a implementação de uma mentalidade de mercado.

O mesmo raciocínio está subjacente à política relativa aos salários de todas as categorias de pessoal. Uma vez que estes são pagos diretamente pelo Estado, o objetivo é a redução do custo dos salários. Este objetivo pode ser alcançado: a) com a redução drástica dos salários do pessoal universitário no ativo (o Estado garantirá um "salário mínimo"), b) com o congelamento das nomeações, c) através da reforma do pessoal sem substituição correspondente, d) com a fusão de instituições e departamentos, finalmente, e) com a criação de uma grande massa de doutorandos e pós-doutorandos, com um custo salarial reduzido ao mínimo, que irão integrar os programas de estudo de graduação.

Para legitimar estas escolhas, os partidos no poder precisam do apoio dos professores poderosos. Por isso, tentaram dar-lhes "incentivos" e deveres para aumentar o seu peso nas suas instituições. Assim, estamos a ser conduzidos para um modelo que nos faz lembrar a situação anterior a 1982: o Estado, através de uma parte dos professores, controla o funcionamento da universidade. Ora, isto é contrário ao argumento dos partidos no poder, segundo o qual a universidade deve ser autónoma. Pelo contrário, conduz a uma perceção que faz uma distinção entre eficácia e democracia. Segundo este raciocínio, a democracia é, à partida, ineficaz e, por isso, é limitada para que as universidades possam responder aos desafios da atualidade (Kladis, 2011).

3.4 Os limites do novo modelo de governação num contexto de crise

As políticas no que diz respeito à organização, governação e financiamento da E.S. grega têm origem em três discursos. Um que, como J. Habermas o analisou, está assente no domínio do espaço do Mercado e na sobredeterminação de todas as outras esferas da existência humana (Olssen M. e Peters, 2005: 313-345, Habermas, 2013: 4-13). Este discurso permeia em grande medida a formação do EEES. O segundo discurso é circunstancial e está ligado às transformações na Universidade, à sua massificação e às dificuldades no seu financiamento público. O terceiro discurso refere-se à atual crise da dívida na Grécia e aos enormes problemas que esta cria a todos os níveis.

Estas políticas foram postas à prova durante os anos da crise e parece que falharam. Pelo contrário, não atingiram os seus objectivos declarados e, sem serem exclusivamente responsáveis por isso, tiveram três consequências extremamente significativas que pesam tanto no funcionamento do S.E. como nos comportamentos dos membros da comunidade universitária, funcionários e diplomados.

1. A primeira consequência diz respeito ao financiamento das IES e do pessoal. A posição declarada relativamente à retirada do Estado, à redução do financiamento público e à sua substituição por fontes privadas (estudantes e organismos privados) assumiu novas dimensões durante a crise. O financiamento público foi drasticamente reduzido sem ser substituído por financiamento privado e foram criadas enormes disfunções. Esta situação está bem patente em três indicadores: a diminuição do financiamento propriamente dito, a diminuição do número de efectivos e a diminuição dos seus salários.

a) Sem dúvida que o financiamento público não foi reduzido apenas na Grécia. De acordo com o relatório da Comissão, "no EEES, todos os países, exceto o Luxemburgo, a França, a Dinamarca e a Alemanha, diminuíram a despesa pública com o ensino superior a preços constantes pelo menos uma vez entre 2008 e 2012. (...) Num segundo grupo, as reduções anuais da despesa pública com o ensino superior foram relativamente pequenas e nunca excederam 5%. (...) Num terceiro grupo, os países registaram decréscimos muito mais significativos (decréscimos anuais superiores a 5,5%), quer durante um único ano (Reino Unido, Portugal, Letónia, República Checa, Áustria, Estónia, Irlanda e Polónia), quer durante dois anos (Bulgária, Chipre e Lituânia) ou mesmo durante três anos (Roménia). Em todos estes países, com exceção da Lituânia, o nível da despesa pública consagrada ao ensino superior a preços constantes foi inferior em 2011 em comparação com 2008. O declínio mais acentuado pode ser observado na Roménia (-36,2%). (Comissão Europeia, 2015:40-41).

O caso da Grécia é semelhante ao da Roménia. A despesa pública com a educação na Grécia foi sempre baixa, em comparação com a média dos países da UE, inferior a 3,5% do PIB, em comparação com a média dos países da UE. No entanto, de 2005 a 2009, ou seja, antes do início da atual crise da dívida, aumentou 22,2%, um pouco mais do que o aumento do PIB no mesmo período, que aumentou 19,2%. Depois, as coisas mudam radicalmente. De 2009 a 2013, a despesa pública em educação, a preços constantes, diminuiu 29,9%, ou seja, 1/3 (KANEP/GSEE, 2016: 126-128).

Mais dramática ainda foi a diminuição do financiamento público da saúde. No período 2005-2009, aumentou 19,2%, exatamente o mesmo que o aumento do PIB. Desde então, até 2013, caiu 31,7%. Nos dois anos seguintes, a diminuição é maior e afecta sobretudo as universidades de maior dimensão. De acordo com as estimativas, o decréscimo global para elas em 2009-2015 atinge 60% e em algumas das maiores, como a Universidade Aristóteles de Salónica, atinge 75% (Feidas, 2014: 35).

b) Tudo isto se reflecte na dimensão do pessoal. Segundo os dados do EUROSTAT, o pessoal docente de todas as categorias era, em 2013, de 17 877. Em 2014, este número baixou para 15 221 (http://appsso.eurostat.ec.europa.eu/nui/submitViewTableAction.do). Este decréscimo manteve-se em 2015. De acordo com os dados processados pela Agência Estatística Helénica, de 25 857 em 2010, o pessoal docente diminuiu em 2013 para 19 583. No mesmo período, o pessoal docente nos 28 países da UE aumentou de 1 374 660 para 1 420 153 (KANEP/GSEE, 2016: 214).

c) Por último, no que diz respeito aos salários do pessoal docente, a crise económica internacional após 2008 levou à sua diminuição em vários países. Segundo a OCDE, "em média, nos países da OCDE com dados disponíveis, os salários dos professores diminuíram, pela primeira vez desde 2000, cerca de 5% em todos os níveis de ensino entre 2009 e 2013. Em Inglaterra, Estónia, Grécia, Hungria, Irlanda, Portugal, Escócia e Espanha, os salários dos professores foram significativamente afectados pela crise. No caso da Grécia, "várias reduções nos benefícios e subsídios dos professores afectaram os salários dos professores desde 2000. Em consequência, os salários brutos diminuíram mais de 25% em termos reais entre 2010 e 2013. Para além disso, os professores gregos também viram o seu salário líquido diminuir com a criação de um imposto de solidariedade. Este imposto aumentou o nível de tributação sobre o salário bruto já reduzido dos professores; e a cobertura de seguro paga pelos professores ainda é calculada com base nos seus salários anteriores, mais elevados. (OECD, 2015: 434).

2. A crise afecta os licenciados, uma vez que tanto ela como as políticas restritivas que se lhe seguiram conduziram à contração do Estado e à perda de oportunidades de emprego. Assim, no espaço de alguns anos, o desemprego assumiu proporções enormes, especialmente entre os jovens, incluindo os licenciados. A evolução dramática é ilustrada no quadro 3.

Quadro 3. Diplomados desempregados por nível de estudos (1.ºtrimestre de 2008 e 1.ºtrimestre de 2008 (milhares)

Nível de educação	População		Força de trabalho		Empregado		Desempregado		Não economicamente ativo	
Ano	2008	2015	2008	2015	2008	2015	2008	2015	2008	2015
Total	9,433,2	9,215,1	4,985.7	4,777,0	4,567,2	3,504,4	418,6	1,272,5	4,447,5	4,482,2
Doutoramento. - MESTRADO	109,0	166,1	100,4	144,5	94,9	125,9	5,5	18,0	8,6	21,6
Licenciado	1,055,7	1,199,2	829,7	871,1	783,7	698,3	46,0	172,8	226,0	328,1
Licenciado TEI	1,036,6	1,178,8	849,6	936,0	759,5	680,9	90,1	255,0	187,0	242,8
Secundário	2,789,8	2,919,7	1,657,0	1,667,5	1,503,2	1,178,2	153,8	489,3	1,132,9	1,252,2
Primário	3,8709	3,378,2	1,499,6	1,124,4	1,381,1	604,1	118,5	320,3	2,371,3	2,25 3,7
Pouca ou nenhuma escolaridade	571,1	417,2	59,4	33,5	44,9	17,0	4,5	18,4	566,7	383,8

Fonte: http://www.statistics. gr/el/statistics/-/publication/SJO01/

De 418,6 mil nos primeiros três meses de 2008, o desemprego atingiu 1.278,5 em 2015, ou seja, triplicou. De 8,4% da população ativa, passou para 26,6%. O aumento é explosivo entre os titulares de mestrados e doutoramentos e ainda mais entre os jovens licenciados. Em suma, a crise atingiu todas as categorias da população ativa, incluindo os licenciados. De 7,1% em 2005, a percentagem de desemprego para estes últimos subiu para 19,1% em 2014. (http://www.oecd.org/edu/education-at-a-glance-19991487.htm: 112)

A explicação pode ser encontrada em dois pontos: a retirada do Estado e o enfraquecimento do sector público, em primeiro lugar, e, em segundo lugar, a fraca ligação entre o ensino superior e a economia. As políticas de superação da crise que têm sido seguidas desde 2009 até hoje começaram com a aceitação de que uma das razões fundamentais para a crise era o sector público inflacionado. Por esta razão, as nomeações foram "congeladas" e mais de 100 mil funcionários públicos foram despedidos ou reformados. Assim, o sector público, que tradicionalmente constituía o empregador de base dos licenciados, deixou de fazer contratações (Sianou-Kirgiou, 2010). O sector privado, por sua vez, não compensou a retirada do sector público. Pelo contrário, foi ainda mais enfraquecido durante a crise e não conseguiu absorver nem mesmo o número relativamente pequeno de licenciados que tinha absorvido no passado.

3. A incapacidade do sector privado para absorver os diplomados e, em geral, os jovens com qualificações, testemunha a dificuldade da relação entre a educação e a economia na Grécia. Mas também é difícil atribuir o facto à qualidade da formação dos diplomados e à qualidade das IES gregas. Pelo contrário, durante a crise, um número crescente de jovens licenciados procurou trabalho no estrangeiro.

Este fenómeno, como demonstraram L. Labrianidis e os seus colegas, assumiu novas dimensões nos últimos anos. Numa investigação realizada entre 15 de maio de 2009 e 15 de fevereiro de 2010, Labrianidis calcula que este grupo ascende a 126 616 pessoas. Este número, observa, representa 10% dos diplomados universitários na Grécia, quando as percentagens correspondentes nos países economicamente avançados oscilam entre 0,4 e 2,5% e nos menos desenvolvidos se situam nos 7%. "Os profissionais gregos viveram e trabalharam em 74 países diferentes. No entanto, 91% dos participantes estavam concentrados em apenas 10 países, incluindo principalmente o Reino Unido (31, 7%), os EUA (28, 7%), a Alemanha (6, 5%) e a Suíça (5, 4%). Uma pequena percentagem (4%) trabalhava em países menos desenvolvidos" (Labrianidis, 2013:11).

Da sua amostra, Labrianidis conclui que uma grande parte estuda no estrangeiro e, de facto, numa das 100 melhores universidades. Os licenciados que trabalham no estrangeiro estudaram durante muitos anos (73,6% têm um mestrado e 50,9% um doutoramento) e 40% dos diplomas adquiridos no estrangeiro provêm de uma das "100 melhores universidades" do mundo! (...) Uma parte significativa dos profissionais gregos no estrangeiro trabalha em universidades e em actividades relacionadas com a investigação (cerca de 46%), 15% em empresas multinacionais, 10% em organizações internacionais e 5% em finanças/bancos. Uma minoria combina trabalho no estrangeiro e na Grécia (por exemplo, um dentista que trabalha no estrangeiro mas visita a Grécia durante alguns dias do mês para efetuar cirurgias)".

A corrente que Labrianidis descreve ganha força pelo menos até ao final de 2014. Na imprensa grega, fala-se de 200 mil cientistas, na sua maioria jovens, que se estabeleceram em países economicamente ricos depois de 2010. De facto, de acordo com um estudo de opinião pública realizado em 2014, metade dos jovens estava a pensar fazer o mesmo (http:///www.imerisia.gr/article.asp?catid=26510&subid=2&pubid=113706179).

Para além dos números, podemos chegar a três conclusões sobre a relação entre educação e mercado de trabalho na Grécia. Se, como parece, os jovens licenciados e cientistas gregos encontram emprego e, de facto, em boas condições no estrangeiro, então os estudos na Grécia não são maus. Se isto é verdade, então a adaptação da educação ao mercado de trabalho, procurada por tantos, é uma questão de grande interesse. O que pode significar a adaptação a um mercado de trabalho completamente desregulamentado e em condições em que o Estado reduz continuamente o financiamento? Às duas constatações acima referidas, há que acrescentar uma terceira. Se, como vimos, as IES gregas fornecem diplomas com valor no mercado de trabalho internacional e muitos dos seus diplomados acabam por ir para outros países à procura de emprego, que efeitos poderá ter esta situação nos diplomados?

Em suma, se a proposta europeia, segundo a qual o ensino superior público constitui um fator significativo de desenvolvimento socioeconómico e de inovação, é uma proposta com aceitação universal e a longo prazo, os actuais desenvolvimentos na Grécia levantam questões e levam-nos a repensar o papel da Universidade de uma forma mais geral. O que pode significar hoje a constatação de que a Universidade constitui um elemento de desenvolvimento social e económico, em condições de crise económica e de p aralisação da rede social?

Capítulo 4

A ação do Conselho da Europa para uma democracia sustentável: o papel da Universidade

4.1 Introdução

Os dois grandes eventos para a Reforma do Ensino Superior na Europa, a Declaração de Bolonha (1999) e a Estratégia de Lisboa da UE (2000), consideraram a universidade como um fator fundamental para a promoção da Europa a uma potência económica líder e competitiva a nível global. Ao mesmo tempo, a política educativa europeia, sobretudo através das decisões que se seguiram ao Processo de Bolonha, promoveu questões democráticas, como a cidadania, a coesão social, a igualdade de oportunidades, etc. No entanto, esta política foi-se distanciando gradualmente dos seus compromissos com a democracia e centrou-se no desenvolvimento económico da UE. O papel da universidade foi definido como estando ao serviço do crescimento de mercados competitivos, colocando em posição inferior o seu papel no desenvolvimento de cidadãos activos, na coesão e solidariedade social e na transmissão de uma cultura humanista (Olsen e Maassen, 2007).

Em consequência, na Europa atual, os valores da solidariedade, da igualdade e da justiça social foram postos de lado. Numa publicação recente intitulada "Viver com dignidade no século XXI - Pobreza e desigualdade nas sociedades de direitos humanos: o paradoxo das democracias" (2013), o Conselho da Europa levanta objecções à marginalização destes valores, devido à política económica na Europa.

O Conselho da Europa é a única instituição europeia que reage e destaca o défice democrático tanto no espaço social europeu como no espaço da educação e, em especial, do Ensino Superior. O Conselho da Europa considera que as universidades na Europa não fazem o suficiente para a promoção de uma cultura democrática (Weber in Humber e Harkavy, 2007:33), enquanto a sua atividade é mais decisiva e consistente na promoção da democracia através da educação, principalmente porque coloca ênfase na ação e demonstra maior sensibilidade para o futuro democrático da Europa. Sjur Bergan, investigador do Conselho da Europa, salienta que "nenhuma sociedade pode ser verdadeiramente democrática a não ser através da prática e a prática democrática é fomentada através da educação para a cidadania" (Bergan, 2004:5), enquanto Frank Plantan, editor do Relatório Geral Final (2002) do projeto do Conselho da Europa 'Universidades como locais de cidadania e responsabilidade cívica' salienta a necessidade de "identificar as boas ou "melhores" práticas na governação e administração universitária e no ensino da democracia e da responsabilidade cívica" (Plantan, 2002:5-6). As acções do Conselho da Europa sublinham a necessidade de uma política educativa que promova a democracia de forma mais eficaz e, ao mesmo tempo, podem ser consideradas um aviso "de que o ensino superior não está a contribuir para o desenvolvimento e a sustentabilidade da democracia na Europa" (Bacevic, xxxx:3).

Neste texto, apresentaremos a filosofia e a ação do Conselho da Europa e tentaremos mostrar que ele constitui a instituição mais importante para a defesa da democracia na Europa. Mostraremos sobretudo, em comparação com as políticas da U.E., a dedicação do Conselho da Europa a uma democracia sustentável, entendida num sentido mais amplo e que inclui a solidariedade e a justiça social, a coesão social e o desenvolvimento de competências para a cidadania democrática, bem como a ideia de uma economia sustentável e de um ambiente natural sustentável. Analisaremos também a política de defesa da democracia da instituição, utilizando a educação como prática e principalmente através do papel da universidade e da sua contribuição para a promoção de uma democracia sustentável. À luz desta análise, examinaremos o exemplo da Grécia para mostrar as dificuldades e os limites das intervenções do Conselho da Europa para uma cultura democrática através da educação, particularmente num período de crise económica e de ascensão de ideologias extremistas em toda a Europa.

4.2 O Conselho da Europa e a criação de uma cultura democrática através da Educação: o contributo da Universidade

Desde a sua fundação em 1949, o Conselho da Europa estabeleceu como objetivo fundamental a criação de uma União de Estados europeus que assumisse o dever de promover os direitos humanos e as liberdades fundamentais e a paz na Europa. Inicialmente, e de acordo com os primeiros artigos da sua carta, os objectivos do Conselho da Europa têm um carácter geral e visam principalmente "alcançar uma maior unidade entre os seus membros com o propósito de salvaguardar e realizar os ideais e princípios que são a sua herança comum e facilitar o seu progresso económico e social". No entanto, a partir de 1950, a ação do Conselho tornar-se-á mais específica com a adoção da Convenção Internacional para a Proteção dos Direitos do Homem e das Liberdades Fundamentais. O que caracteriza esta Convenção é o facto de não restringir a definição dos direitos e liberdades ou uma abordagem ética dos mesmos, mas ao mesmo tempo criar órgãos para a sua aplicação, o mais significativo dos quais é o Comité de Ministros.

O Conselho Europeu, diferentemente dos seus compromissos formais, adopta desde o início uma filosofia de aplicação dos princípios e valores democráticos na ação, com o objetivo de criar uma sociedade democrática fundada nos direitos humanos e nas liberdades fundamentais. Por esta razão, o Conselho da Europa cedo se ocupou da promoção dos direitos humanos através da educação, que considera ser um dos factores mais significativos na sua difusão e implementação na sociedade. No entanto, a política educativa da Organização voltou-se para a promoção não só dos direitos humanos, mas também para o desenvolvimento de uma cultura democrática através da educação, que constituiria a base para o desenvolvimento da democracia na Europa.

A partir do final da primeira década do século XXI, o Conselho da Europa tem vindo a colocar cada vez mais a tónica no papel da educação na criação de uma sociedade democrática, o que se traduz principalmente na organização de conferências internacionais, reuniões especiais, publicações ou programas de investigação e educação. Estes trabalhos são realizados sob os auspícios do Conselho e exprimem, em grande medida, a sua filosofia, apesar de se recordar que "as opiniões expressas nestes trabalhos são da responsabilidade do(s) autor(es) e não reflectem necessariamente a política oficial do Conselho da Europa". Do estudo dos textos do Conselho da Europa e do conteúdo dos temas das acções acima mencionadas, que se inspiraram nas decisões formais relevantes do Comité de Ministros (reunião 989, 06/2/2007), resulta que o Conselho da Europa atribui um significado especial à educação como o instrumento mais significativo na construção de uma comunidade europeia de democracia, justiça e liberdade (recomendação 1849)[10] , que estava ligada à criação de uma cultura democrática.

No pensamento do Conselho da Europa, a cultura democrática tem uma dimensão essencialmente prática e liga os valores e as crenças dos cidadãos às suas práticas e comportamentos sociais e, neste sentido, requer o desenvolvimento de competências, aptidões e atitudes democráticas através da educação. De acordo com este raciocínio, é óbvio que a educação é vista como a principal instituição para o desenvolvimento de uma cultura democrática e, ao mesmo tempo, para a sua difusão na sociedade e a sua implementação nas práticas sociais. Deve também notar-se que a educação é entendida num sentido mais lato, que não deve ser confundido com a educação formal e as suas

[10] Relatório da Comissão da Cultura, da Ciência e da Educação, relator: Glavan. Texto aprovado pela Assembleia em 3 de outubro de 2008 (36.ª sessão).

restrições, e que é especialmente claro nas acções recentes do Conselho da Europa.

Uma prova dessa orientação na educação é o programa Pestalozzi, que foi desenvolvido nos últimos anos pela Organização. O programa Pestalozzi coloca a ênfase no desenvolvimento de uma cultura democrática através do envolvimento de todos os grupos no âmbito da educação e da sua aquisição não só de conhecimentos, mas também de competências para a promoção da democracia na vida real: "O programa destina-se a professores, diretores de escolas, inspectores, conselheiros educativos, formadores de professores, autores de manuais escolares e outros profissionais da educação e apoia-os no desenvolvimento de conhecimentos, competências e atitudes de que necessitam para orientar e facilitar a aprendizagem dos jovens membros das suas sociedades" (Vitkova, 2013).

Ao mesmo tempo, é dada especial importância à prática educativa e à sua ligação com a política educativa, para que esta possa ser transposta para a prática quotidiana: "Os princípios e valores fundamentais da Organização têm de se refletir não só na política educativa, mas sobretudo têm de influenciar a prática quotidiana da educação", reconhecendo o papel crucial dos profissionais da educação "para dar frutos para sociedades democráticas politicamente, socialmente, economicamente e ambientalmente sustentáveis na Europa de hoje e, sobretudo, de amanhã" (Huber e Mompoint-Gaillard, 2011: 11).

Além disso, à semelhança das tendências a nível internacional, o Conselho da Europa considera que a aprendizagem da democracia e dos seus valores é um processo contínuo e ao longo da vida, e é confiada à atividade não só dos professores a todos os níveis, mas também de todas as instituições e actores sociais e políticos que actuam nos espaços da sociedade dos cidadãos: "A aprendizagem na educação para a cidadania democrática e na educação para os direitos humanos é um processo que dura toda a vida. A aprendizagem eficaz neste domínio envolve um vasto leque de partes interessadas, incluindo decisores políticos, profissionais da educação, alunos, pais, instituições educativas, autoridades educativas, funcionários públicos, organizações não governamentais, organizações de juventude, meios de comunicação social e o público em geral" (Conseil de l'Europe, 2010).

No entanto, a tónica é colocada na educação formal, que é considerada como desempenhando um papel especial na formação da personalidade do cidadão. Por esta razão, a formação dos profissionais da educação no ensino pré-escolar, primário e secundário em valores democráticos constitui um pré-requisito básico para a cidadania democrática e a educação para os direitos humanos.

Esta formação poderia ter lugar, antes de mais, nas universidades. Nas últimas décadas, em particular, tem vindo a formar-se uma forte tendência no seio do Conselho da Europa, que tende a considerar a Universidade como a principal instituição educativa para a promoção de uma cultura democrática na Europa (Conselho da Europa, 2010). O legado que as universidades europeias deixam, e a sua missão principal que é a sua utilidade social, confere-lhes um papel que nenhuma outra instituição pode assumir, e que é "o desenvolvimento das competências e valores fundamentais sem os quais as nossas sociedades não podem desenvolver-se nem sobreviver" (Bergan, 2004:7).

Por conseguinte, o papel social das universidades é vasto. A sua natureza torna-as capazes de oferecer aos futuros cidadãos "competências convergentes", ou seja, capacidades que abrangem toda a pessoa do futuro cidadão. Neste sentido, a formação dos estudantes e dos futuros professores ou profissionais da educação não deve ignorar a aquisição de competências para o mercado de trabalho, que deve constituir um dos objectivos fundamentais da universidade contemporânea. No entanto, o reconhecimento do papel da universidade na economia deve estar associado às necessidades da sociedade democrática, pelo que estas competências devem ser complementadas com a educação do futuro cidadão democrático, o seu desenvolvimento pessoal e o desenvolvimento da sua personalidade através da aquisição de conhecimentos (Bergan e Damian, 2010).

Parece, como veremos agora, que o Conselho da Europa, influenciado pelos seus colegas das universidades, encara a formação dos cidadãos a partir de uma visão global da personalidade, sem separar as competências necessárias para o acesso ao mercado de trabalho das competências que formam o cidadão democrático. Do mesmo modo, o desenvolvimento destas capacidades requer uma pedagogia holística e, deste ponto de vista, a metodologia em que se baseia o processo de aprendizagem do atual Programa Pestalozzi do Conselho da Europa é indicativa (Huber e Mompoint-Gaillard, 2011:13). A ênfase é colocada nas competências democráticas que constituem a base para o desenvolvimento de uma cultura democrática.

A Universidade é a instituição de ensino mais adequada para contribuir para o desenvolvimento de uma cultura democrática (Barrera e Soares, 2010), uma vez que, por natureza, pode oferecer não apenas formação profissional para o mercado de trabalho, mas também oportunidades para a formação do cidadão democrático (Bergan, 2011). Antes de mais, a Universidade pode desenvolver nos futuros professores as capacidades do cidadão ativo, ou seja, o sentido de responsabilidade, a obediência consciente às leis, a participação em assuntos de interesse comum e o respeito pelos direitos humanos, que constituem partes integrantes de uma cultura democrática (Bergan e Van't Land, 2010). Consequentemente, para o Conselho da Europa, a missão da Universidade no desenvolvimento e manutenção da sociedade democrática, bem como na promoção dos seus valores, é extremamente significativa, e o desenvolvimento de competências e conhecimentos democráticos pode ter consequências decisivamente positivas para a sociedade democrática mais alargada (Bergan e Damian, 2010).

Esta convicção, segundo a qual a Universidade pode desempenhar um papel central no desenvolvimento e difusão dos valores democráticos nas sociedades europeias, baseia-se no argumento de que, historicamente, a Universidade desempenhou um papel semelhante nas sociedades europeias através do legado cultural que as universidades ocidentais deixaram em vários períodos da história europeia. A constatação do papel significativo que as universidades têm desempenhado na produção e difusão do legado de uma cultura democrática nas sociedades europeias é considerada um fator importante na colaboração entre os países europeus, uma vez que estes enfrentam uma série de problemas comuns relacionados com a questão do reforço não só da democracia, mas também da coesão social (Sanz e Bergan, 2007).

Na filosofia e nas acções do Conselho da Europa, o desenvolvimento e a estabilização da democracia estão estreitamente associados à coesão social e ao desenvolvimento do espaço social. Isto pode ser visto principalmente no facto de a Carta Social Europeia ter sido estabelecida para apoiar a Convenção Europeia dos Direitos do Homem e, neste sentido, para apoiar todo o plano político do Conselho da Europa para a promoção da democracia na Europa.

4.3 O Conselho da Europa e o espaço social

É evidente que o Conselho da Europa não constitui uma instituição europeia essencialmente diferenciada das outras instituições europeias no que diz respeito às coordenadas ideológicas que o atravessam e aos objectivos de valor que fixou como elemento da sua ação. Isto porque, por um lado, é um produto dos mesmos processos que se desenrolaram na Europa do pós-guerra e que visavam a criação das condições para uma Europa democrática e unida e, por outro lado, porque no seu seio estão representados os mesmos governos e os mesmos poderes políticos que formam as outras instituições europeias, principalmente a União Europeia. Deste ponto de vista, estas últimas, tal como o Conselho da Europa, estão registadas no estado de ser europeu e político e ideológico em que se formam duas orientações políticas e ideológicas básicas e dois discursos políticos, o discurso sobre o mercado e o discurso sobre o espaço social, que, no entanto, estão orientados para o objetivo da criação de uma Europa pacífica e democrática.

No entanto, o Conselho da Europa diferencia-se significativamente da União Europeia que, nas últimas décadas, embora não negligencie a questão do reforço da democracia e da configuração de um espaço social e democrático europeu, coloca mais ênfase na função e nas necessidades do mercado e, consequentemente, inspira-se numa conceção neoliberal da democracia e da cidadania (Karalis e Balias, 2007).

Em contrapartida, o Conselho da Europa parece seguir uma política mais "independente", dando cada vez mais peso à necessidade de uma sociedade democrática com direitos sociais para todos os cidadãos, com o objetivo de alcançar a coesão social. Por outro lado, a própria instituição do Conselho da Europa constitui um campo de contradições, de negociações ou mesmo de conflitos no que respeita às políticas que dizem respeito à sua política social, tal como esta se concretiza na Carta Social Europeia. Estes conflitos têm eco na vida real, no predomínio das prioridades económicas das instituições políticas europeias sobre as políticas sociais (Venieris, 2002). No entanto, desde os seus primeiros passos e com uma estabilidade notável, o Conselho da Europa tem seguido uma política de apoio ao espaço social europeu, que está intimamente ligada ao desenvolvimento democrático na Europa.

Em primeiro lugar, é de salientar a revisão da Carta Social Europeia em 1996 (que tinha sido adoptada inicialmente em 1961), segundo a qual todos os cidadãos europeus têm direitos sociais sem discriminação. Um pouco mais tarde, em 1998, o Comité de Ministros do Conselho da Europa definiu a Estratégia para a Coesão Social[11] , iniciada em 2000 e concluída em 2004, que tinha como objetivo o estudo da reforma das sociedades europeias e das suas consequências para a coesão social, propondo formas de lidar com a pobreza, as desigualdades sociais e a exclusão social. O Comité Europeu para a Coesão Social (CDCS), formado para este fim, avançou para a criação de um programa de acções através de reuniões especiais que começaram em 2004 e continuam a ser renovadas até hoje. Estas actividades incluem todo o tipo de intervenções, desde conferências, reuniões especiais e publicações, até propostas aos estados membros do Conselho da Europa ao nível das disposições legislativas. Este programa colocou questões relativas à coesão social e à resolução de problemas relacionados com a segurança social e os direitos sociais, o aumento das desigualdades

[11] A coesão social é vista pelo Conselho da Europa como "a capacidade de uma sociedade garantir o bem-estar de todos os seus membros, reduzindo as desigualdades e evitando a marginalização", Relatório da Task Force de Alto Nível sobre a Coesão Social no Século XXI, Estrasburgo, 28/1/2008.

sociais, o desemprego, a família e a criança (Conselho da Europa, 2007).

No contexto destas actividades do Conselho da Europa, foi criado um outro Comité Europeu para a Imigração, que se ocupou de questões relacionadas com a proteção de grupos vulneráveis de imigrantes, colocando a ênfase nos seus direitos e na sua dignidade (Conselho da Europa, 2008). Por outro lado, nos seus textos oficiais, o Comité Europeu para a Coesão Social destaca a necessidade de uma coexistência pacífica e harmoniosa das várias minorias e identidades no contexto das sociedades europeias, considerando-a uma condição essencial para a coesão social (Conselho da Europa, CDCS, 2010).

Por outro lado, a "Carta do Conselho da Europa sobre a Educação para a Cidadania Democrática e a Educação para os Direitos Humanos" vai, em primeiro lugar, no sentido da aprendizagem dos direitos e deveres dos cidadãos entre si, cujo objetivo é a criação de condições adequadas para uma vida democrática. Destaca, em particular, que "Um elemento essencial de toda a educação para a cidadania democrática e da educação para os direitos humanos é a promoção da coesão social", acreditando que a prevenção da violência, do racismo, da xenofobia e da discriminação constitui uma condição prévia importante para a coesão social (Conseil de l' Europe, 2010:13, 15).

Simultaneamente, é feita referência aos direitos económicos e sociais, bem como ao papel do ensino superior na formação dos professores a quem será confiado o dever de ensinar aos jovens os valores democráticos da participação e dos direitos humanos, o que demonstra que o Conselho da Europa está gradualmente a mudar para um ponto de vista que vê a Universidade como um fator-chave em matéria de promoção da democracia através da coesão social (Conseil de l' Europe, 2010: 15).

O que se pode observar ao examinar os textos oficiais dos Comités do Conselho da Europa acima referidos é que, cada vez mais, a questão da coesão social está ligada aos direitos humanos, no sentido lato do termo, que incluem os direitos sociais a uma vida digna para todos os membros de uma comunidade democrática, sem discriminação e sem excepções. Neste sentido, parece que o Conselho da Europa está a tentar associar a coesão social à tradição dos direitos humanos, que constituem a ideologia fundamental e o quadro de valores do Conselho da Europa desde a sua criação. A estreita ligação entre direitos humanos e coesão social conduz ao pensamento que rege as acções do Conselho da Europa para uma perceção da democracia que, para ser sustentável, requer a combinação da política social com o desenvolvimento de uma cultura democrática através da educação.

4.4 Para uma democracia sustentável: o contributo da Universidade

Com uma referência central à necessidade de desenvolvimento de uma sociedade democrática que garanta os direitos humanos e a dignidade dos seus membros, o Conselho da Europa avança lenta mas seguramente para a ideia de uma democracia sustentável, entendida como um espaço social coeso que assegura o bem-estar e o gozo dos direitos humanos e das liberdades em toda a sua extensão e a todos os seus membros numa base estável.

O conceito de democracia sustentável aparece cada vez mais frequentemente nas acções, nos textos oficiais e nas publicações do Conselho da Europa, sobretudo na última década. Nos textos oficiais, nas decisões e nas acções desenvolvidas pelo Conselho da Europa durante este período, o conteúdo da democracia sustentável é alargado numa direção que inclui tanto termos sociais como cognitivos e valores para o desenvolvimento de uma sociedade democrática. Referir-nos-emos a uma série de textos e acções representativos que são indicativos desta direção.

Em primeiro lugar, o programa de ação do Comité Europeu para a Coesão Social, adotado na reunião 1039 de 22 de outubro de 2008, refere a necessidade de uma "democracia sustentável", enquanto na Nova Estratégia para a Coesão Social, adoptada em 7 de julho de 2010 pelo Comité de Ministros, é feita referência a um "progresso de desenvolvimento democrático e sustentável" (Conselho da Europa, 2010). Além disso, na reunião internacional de dois dias que teve lugar em Bruxelas de 28 de fevereiro a 1 de março de 2011, a ênfase foi colocada na promoção da democracia, justiça social, sustentabilidade e coesão social (Conselho da Europa, 2011).

Ao mesmo tempo, durante a última década, o Conselho da Europa adoptou uma estratégia de promoção da democracia através da educação, que está estreitamente ligada ao conceito de democracia sustentável. De 2005 a 2007, o Conselho da Europa avançou com três publicações relacionadas com o ensino da cidadania democrática e dos direitos humanos, que foram confiadas a investigadores universitários, ao mesmo tempo que elaborou a ação "Aprender e viver a democracia para todos" no contexto do programa "Educação para a cidadania democrática e os direitos humanos" (2006-2009).

De acordo com este programa, a educação "tem um papel fundamental a desempenhar no desenvolvimento de uma forma sustentável de democracia e no respeito pelos direitos humanos na sociedade. A educação é também um dos principais factores de coesão comunitária e de justiça social e um dos mais fortes baluartes da sociedade contra as forças da violência, do racismo, do extremismo, da xenofobia, da discriminação e da intolerância". Além disso, a educação incentiva as pessoas "...a defenderem os seus direitos humanos e os direitos humanos dos outros. Desenvolve valores, confiança e sentido de responsabilidade, bem como conhecimentos e competências práticas" (Conseil de l'Europe, 2010).

Vale a pena notar que o conceito de democracia sustentável e a sua relação com a educação é sublinhado com grande ênfase no atual Programa Pestalozzi do Conselho da Europa, onde o papel fundamental da educação para uma democracia sustentável através do desenvolvimento de uma cultura democrática baseada no conhecimento, na compreensão e na implementação de valores democráticos, como os direitos humanos e o diálogo intercultural, é particularmente destacado.

Os coordenadores deste Programa acreditam que a manutenção e o reforço da democracia na Europa dependem da capacidade da educação para tornar as novas gerações capazes de lidar com o "mundo" em que vivem e que se encontra em constante mutação, através da sua participação na vida pública. A democracia só será sustentável, afirma Claudia Lenz, quando as novas gerações aprenderem a ser não só receptoras de conhecimento, mas também produtoras, e para que isso aconteça, a educação tem de "ser um espaço em que os aprendentes recebem instrumentos para investigar e negociar o conhecimento". Por conseguinte, a sustentabilidade da democracia está diretamente associada a cidadãos capazes de negociar o conhecimento e, por extensão, as verdades estabelecidas que constituem obstáculos ao desenvolvimento de uma cultura democrática. "Assim, a educação que se preocupa com sociedades democráticas sustentáveis tem de proporcionar aos aprendentes a capacidade de lidar com a relatividade da verdade" (Lenz, 2011: 24).

É evidente que a problemática do conhecimento e da sua gestão por cidadãos autónomos e críticos é considerada pelos autores do estudo como um fator crucial para uma democracia sustentável, na qual todos os seus membros possam coexistir, trabalhar em conjunto e exprimir-se livremente. É igualmente claro que a universidade é considerada como a principal instituição que pode desenvolver estas competências para a negociação da verdade e do diálogo, que constituem caraterísticas fundamentais de uma cultura democrática e, por extensão, de uma democracia sustentável. O papel da universidade no desenvolvimento de uma democracia sustentável através do desenvolvimento de competências, tal como descrito no programa supracitado, encontra-se e caracteriza as acções do próprio Conselho da Europa, o que demonstra que ecoa o pensamento e a visão do Conselho da Europa para uma democracia sustentável.

No texto final do Fórum internacional organizado pelo Conselho da Europa em Estrasburgo, de 2 a 3 de outubro de 2008, em cooperação com o "Comité Diretivo dos EUA do Consórcio Internacional para o Ensino Superior, Responsabilidade Cívica e Democracia" sobre o tema "Competências Convergentes: Diversidade, Ensino Superior e Democracia Sustentável", é realçada a contribuição do Ensino Superior para a manutenção e desenvolvimento de uma democracia sustentável através do desenvolvimento de uma série de competências convergentes. Estas competências estão relacionadas tanto com as necessidades da economia como com as necessidades da democracia e da cidadania.

O espírito da abordagem deste Fórum é que as universidades têm a capacidade de "compreender e alinhar estas competências convergentes, ao mesmo tempo que fornecem as estruturas, os métodos de ensino, os currículos e as oportunidades para os estudantes aplicarem os seus conhecimentos em situações do mundo real" (Conselho da Europa, 2008). Neste sentido, o conceito de democracia sustentável está ligado tanto às competências que dizem respeito ao espaço da economia como às competências que dizem respeito à democracia e ao desenvolvimento da vida democrática e, de facto, ao mundo real das sociedades.

O mesmo raciocínio e pensamento pode ser encontrado noutras acções paralelas do Conselho da Europa. Por exemplo, nos textos publicados pelo Conselho da Europa ou que integram as suas decisões, é destacada a importância do papel da Universidade, nas questões da sustentabilidade ambiental, social e económica. Esta tendência, que pode ser encontrada tanto em publicações mais antigas como em publicações mais recentes do Conselho da Europa que analisam as posições dos investigadores do espaço académico, coloca a ênfase no desenvolvimento de conhecimentos e competências que permitam a participação dos cidadãos na vida social, política e económica, em paralelo com a promoção dos direitos humanos, visando a formação das condições para uma democracia sustentável.

Já em 2007, numa publicação do Conselho da Europa (Humber e Harkavy, 2007), é introduzido um conceito mais amplo de sustentabilidade, que está ligado não só ao desenvolvimento de uma cultura democrática, mas também ao ambiente natural. A "sustentabilidade ambiental" exige, segundo os autores, a contribuição dos cidadãos através da sua ação quotidiana, bem como através da sua ação como eleitores, como cidadãos e como actores políticos em geral. A democracia sustentável é, por conseguinte, equivalente à sustentabilidade ambiental, que, por sua vez, exige sustentabilidade económica, social e cultural. Todas estas formas de sustentabilidade estão ligadas entre si e são interdependentes, de tal forma que a ausência de uma prejudica as outras.

No entanto, a sustentabilidade em todas as suas formas depende da Universidade, que é vista como a principal instituição para a formação dos termos de uma democracia sustentável. Dramatizando o papel da Universidade na introdução do texto, o editor da Higher Education Series Sjur Bergan acredita que "o dever da Universidade é a transmissão de conhecimentos e valores, a compreensão e *o savoir faire* que tornarão as nossas sociedades sustentáveis, tanto no sentido do cumprimento dos critérios mínimos para a continuação da sua existência, como no sentido da satisfação e mobilização de todos os seus cidadãos" (Bergan e Damian, 2010: 7-8).

Os autores de todos os textos colocam a tónica no papel crucial da Universidade para a sustentabilidade das sociedades democráticas, destacando, em particular, que os valores da sociedade democrática e da Universidade são comuns: "As sociedades democráticas e o ensino superior partilham os valores da tolerância, da inclusão, do respeito pelas diferenças e uma forte disposição para honrar e celebrar a criatividade humana" (Teune in Humber e Harkavy, 2007: 25). Numa linha de raciocínio semelhante, Frank Rhodes afirma que a Universidade, pelo facto de poder desenvolver no seu seio o espírito democrático e a cultura democrática, é a instituição que pode, mais do que qualquer outra, contribuir para o desenvolvimento de uma democracia sustentável (Rhodes, 2007).

Finalmente, Luc Weber refere-se ao papel especial das universidades, destacando o facto de a sua missão de investigação poder desempenhar um papel significativo no desenvolvimento da investigação em sectores que dizem respeito à democracia e aos direitos humanos, especialmente no âmbito de disciplinas cognitivas como o direito comum, a história, a ciência política e a sociologia. Por outras palavras, refere-se ao papel das ciências humanas e sociais, como parte dos programas analíticos das universidades, essenciais para o desenvolvimento da democracia, algo que ocupa hoje a comunidade académica internacional.

Além disso, considera que a sustentabilidade pode ser entendida de duas formas: por um lado, como estando ligada ao desenvolvimento económico e à proteção do ambiente e, por outro, como a capacidade de um sistema económico e político se manter estável ao longo das gerações. Entendida da segunda forma, a sustentabilidade está envolvida nos conceitos de cultura democrática, direitos humanos e coesão social, bem como na missão educativa da Universidade no que diz respeito à disponibilização de conhecimentos aos sectores acima referidos. Nesta perspetiva, a sustentabilidade ultrapassa o seu significado tradicional e inclui tanto o ambiente como a sustentabilidade económica e política das sociedades democráticas (Weber in Humber e Harkavy, 2007: 31-33).

Como a análise dos textos do Conselho da Europa parece mostrar, a tendência impressa nos textos mais recentes da instituição é a da crescente importância da instituição da Universidade na definição dos termos de uma democracia sustentável. O papel que tem vindo a ser atribuído à Universidade está ligado a uma nova e mais ampla perceção da sustentabilidade da sociedade democrática, na qual, para além dos direitos humanos e dos valores democráticos que devem constituir as componentes da cidadania, ocupam também um lugar importante uma economia e um ambiente natural sustentáveis.

4.5 A política do Conselho da Europa e os seus limites: o exemplo da Grécia

Desde o momento da sua criação, o Conselho da Europa exprime a tradição e a consciência europeias de uma Europa democrática, com justiça social, liberdade e respeito pelos direitos humanos e pelas liberdades fundamentais. Nos últimos anos, o Conselho da Europa tem-se esforçado por promover uma democracia sustentável na Europa, através do instrumento da educação, e especialmente do ensino superior. No entanto, os resultados desta política são porventura medíocres, como demonstram os estudos do Conselho da Europa, que salientam a distância entre as políticas educativas proclamadas e a promoção efectiva da democracia nas sociedades europeias (Conselho da Europa, 2005).

A União Europeia estabeleceu objectivos semelhantes, mas centra-se num Ensino Superior que contribua para a competitividade da economia. A diferença em relação ao Conselho da Europa é que este dispõe de mecanismos para a implementação das suas políticas, enquanto aquele se limita a decisões, estudos e conferências que, na melhor das hipóteses, podem funcionar como ideias legitimadoras de movimentos sociais de reivindicação de direitos. Isso não é algo a ser ignorado, pois eles não só existem, como também são poderosos.

Citando P. Bourdieu, que escreveu que "não há política social sem movimentos sociais capazes de a fazer respeitar" (Bourdieu, 2002: 82), a política do Conselho da Europa continua a ser problemática e, de facto, no que diz respeito ao principal objetivo que se propôs, ou seja, uma democracia efectiva e uma democracia pela prática.

Isto é especialmente verdade para os países do Sul, como a Grécia (Mouzelis, 2002), onde os movimentos sociais e a sociedade de cidadãos associados são particularmente fracos e o controlo estatal - e partidário - das universidades é asfixiante, não deixando qualquer espaço para o desenvolvimento racional das universidades. Se a isto juntarmos a recente crise económica, torna-se claro que o problema se torna maior, uma vez que a crise económica tem múltiplos efeitos no desenvolvimento da democracia e das instituições educativas.

A crise económica na Grécia, que dura há seis anos, levou, em primeiro lugar, à redução do financiamento da educação e, em especial, das universidades, o que resultou na redução do seu pessoal docente e na suspensão do desenvolvimento dos seus programas de estudo. No fa ct, seguindo as tendências internacionais, as repercussões da crise económica foram ainda mais significativas na área das ciências humanas e sociais, através das quais os valores democráticos e os direitos humanos poderiam ter sido cultivados e promovidos. No entanto, para além e independentemente da crise económica, a promoção dos valores democráticos e dos direitos humanos pelas universidades gregas deparou-se com enormes obstáculos no seio das próprias universidades, que, enquanto instituições sociais, podem ser vistas como uma parte e uma expressão da sociedade e dos cidadãos gregos e, consequentemente, têm caraterísticas iguais ou semelhantes a estes últimos. Por exemplo, o facciosismo e o clientelismo que caracterizam a administração pública grega e, por extensão, o ensino superior, prejudicam o desenvolvimento e a ação de uma sociedade poderosa de cidadãos na universidade grega que favoreceria a promoção de questões democráticas.

Por conseguinte, independentemente do difícil contexto económico, é importante investigar até que ponto a universidade grega foi sensibilizada e incorporou actividades que promovem os pontos de vista e as posições do Conselho da Europa, no que se refere à educação para a democracia, de uma forma coerente e eficaz. De facto, é ainda mais importante que isso seja verificado no caso da formação inicial dos professores do ensino primário e secundário, uma vez que eles são os futuros professores das novas gerações.

Como revelou uma investigação realizada na Universidade de Patras, nunca houve uma política completa e aprofundada para a adoção, apoio, acompanhamento e avaliação da introdução da Educação para os Direitos Humanos nas instituições universitárias gregas. Embora na Grécia tenham sido adoptados e difundidos os textos oficiais das organizações internacionais, incluindo os da UE e do CdE, que dizem respeito à Educação para os Direitos Humanos, observa-se uma enorme carência na formação dos futuros professores do ensino primário, bem como dos professores do ensino secundário sobre estas questões (Balias, 2013). Esta investigação mostrou, sobretudo, que a Educação para os Direitos Humanos não ocupa um lugar particularmente importante e significativo no currículo das universidades gregas e que não existe uma aprendizagem sistemática e metódica e uma intervenção pedagógica ao nível das universidades gregas.

Outra investigação efectuada na mesma universidade chegou mais ou menos às mesmas conclusões. Revelou que a introdução do ensino dos direitos humanos nas universidades gregas, embora exista e pareça acompanhar os desenvolvimentos no espaço internacional, verifica-se sobretudo nos departamentos pedagógicos, enquanto em todos os outros, e sobretudo nos de ciências, é inexistente. Além disso, os estudantes dos departamentos pedagógicos têm um conhecimento relativamente melhor dos direitos humanos e políticos, em comparação com os outros estudantes. Apesar disso, é revelador o facto de apenas três departamentos pedagógicos, de um total de 19, terem integrado a Educação para os Direitos Humanos como disciplina cognitiva independente nos seus programas de estudo. Outra conclusão significativa da investigação é que a maioria dos estudantes obtém os seus conhecimentos sobre direitos humanos de fontes exteriores à universidade (escola, família, meios de comunicação social), e não da universidade, com exceção dos estudantes dos departamentos pedagógicos. Por fim, da investigação acima referida conclui-se que a grande maioria dos estudantes dos departamentos pedagógicos que receberam um ensino sobre os direitos humanos "reformulam" o seu nível cognitivo e não especialmente o nível das suas atitudes, pontos de vista e da sua ativação como defensores e apoiantes dos direitos humanos na sua vida quotidiana e escolar (Pitsou, 2013).

A investigação acima referida mostra mais ou menos o que é comum na sociedade grega, ou seja, que a posição do ensino dos direitos humanos no ensino superior grego e, por extensão, em todo o sistema educativo é limitada e tem sido essencialmente negligenciada tanto pelas próprias universidades como pela política oficial do Estado, apesar de o Ministério da Educação grego distribuir os textos e as decisões dos organismos internacionais às unidades educativas, incluindo os do Conselho da Europa.

Consideramos que o caso da Grécia não é único nem exclusivo na Europa, mas demonstra que as políticas do Conselho da Europa no domínio da educação para a democracia não estão a ser incorporadas de forma adequada e eficaz nas políticas educativas nacionais e não influenciam significativamente as práticas sociais, o que é um dos objectivos centrais do Conselho da Europa.

4.6 Conclusões

Tudo isto revela uma luta no continente europeu (e não só) entre uma visão que dá prioridade à eficiência económica e às necessidades do mercado e outra que coloca a Democracia, a sustentabilidade e a coesão social como questões principais. É óbvio que esta apresentação contraditória das duas visões tem um valor analítico e não de investigação, uma vez que a realidade é mais compósita. De facto, nas abordagens neoliberais mais puras, a garantia da coesão social é vista como um pré-requisito para o bom funcionamento da economia. Por outro lado, o desenvolvimento é importante para o bem-estar de uma sociedade e, por extensão, para o bom funcionamento das suas instituições.

No que diz respeito a este último, o papel do Conselho da Europa é central, uma vez que, com as suas decisões e intervenções, legitima a ação para a exigência de um funcionamento eficaz das instituições democráticas e a proteção dos direitos humanos e sociais, que são entendidos como um termo para a sustentabilidade de uma democracia. O CdE dá especial ênfase à educação e, em particular, ao papel da universidade como instrumento de formação de uma cultura democrática, acreditando na sua eficácia para uma democracia sustentável, que tem defendido de forma consistente desde o momento da sua criação até aos dias de hoje.

No entanto, o contributo do Conselho da Europa será limitado, tal como o da educação em geral, se as instituições particulares das sociedades europeias não forem activadas em simultâneo. O CdE acredita que a universidade é a instituição que pode desempenhar um papel significativo na defesa e no desenvolvimento da democracia, e não é o único organismo internacional que tem esta convicção mas, pelo menos no espaço europeu, é, como afirmámos neste texto, o mais consistente.

No entanto, igualmente importante é a questão de saber se a universidade consegue desempenhar o papel que lhe é destinado e tão desejado pelo CdE. Por conseguinte, apesar das enormes pressões e desafios que lhe são colocados pelas políticas que a ligam direta e exclusivamente ao mercado de trabalho, é importante investigar até que ponto a própria universidade foi sensibilizada e, sobretudo, se incorporou nos seus programas analíticos actividades que promovam os pontos de vista e as posições do Conselho da Europa sobre a democracia.

O exemplo da Grécia que analisámos mostra que as universidades, para além do facto de a crise económica ter enfraquecido o seu potencial para dar um contributo bem sucedido para o desenvolvimento da democracia, enfrentam muitas resistências e dificuldades, algumas das quais são inerentes e outras decorrem das prioridades dos governos. No entanto, as principais dificuldades têm origem na sociedade dos cidadãos e, sobretudo, na possibilidade de existirem instituições e forças sociais, não só na sociedade mas também no ensino superior, que apoiem a missão democrática das universidades.

Por esta razão, acções deste tipo terão, na nossa opinião, resultados desde que se multipliquem e se articulem com outras ao nível da sociedade de cidadãos - como em todo o caso o Conselho da Europa indica - particularmente em países onde existe uma carência significativa de democracia e os valores democráticos estão em crise. No entanto, o Conselho da Europa, especialmente em conjunto com a promoção da Universidade a fator central para a promoção de uma democracia sustentável, pode desempenhar, nas condições acima mencionadas, bem como noutras provavelmente também, um papel crucial para a democracia na Europa.

A questão que se coloca aqui, e que nos ocupará no próximo capítulo, é a de saber como é que a universidade vai combinar os dois papéis totalmente opostos que é chamada a desempenhar nas sociedades democráticas contemporâneas, ou seja, a sua contribuição para o desenvolvimento económico e para o desenvolvimento de uma democracia sustentável, para usar a terminologia do CdE.

Capítulo 5

Uma crítica da razão económica: a pedagogia crítica e a Liderança Educacional como agentes da democratização da universidade

5.1 Introdução

É consensual que a universidade de hoje, enquanto instituição de produção, utilização e difusão do conhecimento, está orientada, em primeiro lugar, para o apoio ao crescimento económico e à utilização do conhecimento no quadro de uma economia baseada no conhecimento. Por outro lado, a utilização do conhecimento para a formação do cidadão ativo e o desenvolvimento de valores comuns que facilitem a coexistência e o bom funcionamento da democracia tem sido relegada e, consequentemente, o papel democrático da universidade na sociedade tem sido negligenciado. Para muitos académicos, este facto levanta a questão da democratização da universidade. O que significaria essa democratização?

A democratização da Universidade preocupou Jurgen Habermas no final dos anos 60, que procurou demonstrar a relação entre o conhecimento e a tomada de decisões democráticas, no quadro do diálogo livre, da competência crítica e do reconhecimento do pluralismo (Habermas, 1971: 6). Atualmente, a democratização da universidade está ligada a questões semelhantes, bem como aos valores, à moral e às práticas democráticas que constituem os elementos fundamentais de uma cultura democrática, na aceção que o Conselho da Europa atribui ao termo, como vimos no capítulo anterior. Patrick Blessinger considera que democratizar o ensino superior significa que a universidade se deve tornar mais inclusiva, mais participativa e representativa e enraizar-se em práticas de valores partilhados e num ethos político, social e económico (Blessinger, 2015).

Como e através de que processos pode a universidade avançar para a democratização, a fim de poder desempenhar o seu papel democrático na sociedade?

A universidade está hoje a sofrer mudanças e reformas fundamentais devido a pressões externas que têm origem tanto no espaço da economia como no espaço da sociedade. Devido a estas pressões externas, a universidade é forçada a mudar, mas as mudanças que sofre servem, antes de mais, a economia. A questão que se coloca aqui é a de saber se a universidade pode desenvolver uma dinâmica interna de mudança no sentido da democracia, de modo a poder desempenhar o seu papel democrático na sociedade. Uma condição prévia para atingir este objetivo é a sua democratização, tanto ao nível da utilização dos conhecimentos como ao nível das práticas sociais.

Assim, o que se destaca, em primeiro lugar, é a necessidade do desenvolvimento de um pensamento crítico e de uma pedagogia crítica correspondente na universidade, que promova a utilização e a difusão do conhecimento com vista ao apoio e ao desenvolvimento da democracia na sociedade.

Além disso, a democratização da universidade, precisamente porque diz respeito à mudança das relações, das práticas sociais e dos valores no seu seio, requer sobretudo a mobilização de todos os membros e agentes da comunidade universitária. Essencialmente, requer uma liderança educativa que é entendida como ativação e participação de todos os agentes da comunidade universitária com um objetivo coletivo, o da reforma democrática da instituição universitária.

Com base no exposto, começaremos por analisar o papel do conhecimento na universidade, comparando a sua utilização na economia com a sua utilização em prol da cidadania e de uma democracia mais forte. Em seguida, examinaremos a relação entre a universidade e as necessidades do mercado e os objectivos da democracia e até que ponto é possível um compromisso entre ambos. Na terceira e quarta partes, analisamos, respetivamente, a pedagogia crítica e a liderança educativa como agentes de democratização da universidade. Em particular, examinamos as teorias da liderança educativa, investigando a sua solidez e comparando as posições defendidas com as caraterísticas da governação universitária atual, principalmente a prioridade dada à eficiência económica em detrimento do crescimento democrático. Através desta análise, tentamos mostrar os limites e as patologias relacionadas com a universidade que constituem barreiras significativas à sua democratização.

5.2 A Universidade e o conhecimento: democracia e pensamento crítico

Hoje em dia, as universidades estão a sofrer profundas mudanças e estão sob pressão para se reformarem devido a muitos factores, tais como a internacionalização dos estudos, a exigência de um maior acesso dos cidadãos à educação e a cooperação e compreensão entre civilizações, mas principalmente devido a desenvolvimentos no domínio da economia. Estas mudanças são o resultado de alterações a nível internacional.

Estas mudanças tendem a configurar uma nova realidade social com caraterísticas como a importância crescente do conhecimento, o pluralismo cultural, a exclusão social e a discriminação social, mas também, por outro lado, o aumento das exigências de respeito pelos direitos das minorias e dos deficientes, de proteção do ambiente natural, etc. (Evans, 2003). Estas mudanças alargaram o debate sobre as reformas desejadas que devem ter lugar na universidade e, sobretudo, sobre os desafios a que a universidade tem de responder tanto para sobreviver num ambiente competitivo como para satisfazer as novas necessidades que estão a surgir nas sociedades e nas pessoas.

Nas novas condições que se estão a formar, observa-se um interesse crescente pela democratização do ensino superior e por um cidadão instruído, mais bem informado sobre os problemas do mundo e da sociedade e mais capaz de contribuir para os resolver. Por isso, o desenvolvimento de um sistema de ensino superior aberto e igual para todos os cidadãos adquire uma importância ainda maior e torna-se essencial para aumentar o potencial tanto de maior participação social e política como de autodeterminação e desenvolvimento pessoal dos cidadãos (Anchan, 2015: 6-9).

Para além disso, a universidade é uma instituição crucial para o fortalecimento da democracia, uma vez que é "uma instituição que molda hábitos de saber e fazer, constrói as formas como os graduados vêem o mundo em que vivem e contribui para as normas sociais em termos de compreensão de si e dos outros" (Simpson, 2014: 7). O papel democrático da universidade, portanto, depende do conhecimento e, principalmente, do seu uso para a formação de cidadãos e o avanço das perceções da vida e das relações humanas que promovem a democracia.

No entanto, o conhecimento que a universidade produz hoje é essencialmente entendido como um meio de crescimento económico e de lucro, atribuindo desta forma, direta ou indiretamente, um valor quase exclusivamente económico à existência humana e à atividade intelectual .

Na realidade, o conhecimento é transformado naquilo a que Christian Laval chamou "privatização do conhecimento" ("privatisation de la connaissance") e, consequentemente, a universidade afasta-se do modelo clássico humboldtiano da universidade baseado no conhecimento enciclopédico e altruísta que Humboldt entendia como uma atitude mental, uma habilidade e uma capacidade de pensar, em vez de conhecimento especializado (Laval et al., 2012).

Assim, a universidade é hoje chamada a dar prioridade ao serviço de interesses económicos privados, negligenciando a sua missão democrática.

Henry Giroux afirmou que a retórica neoliberal dominante na universidade despoja a sociedade dos conhecimentos e valores necessários para o desenvolvimento de um público democraticamente empenhado e socialmente responsável. Desta forma, o neoliberalismo promove uma pedagogia de mercado que cultiva uma cultura de irresponsabilidade cívica e evita levantar questões relativas à relação entre conhecimento e poder (Giroux, 2014).

Não há dúvida de que o conhecimento tem um significado e um valor sociais, uma vez que está diretamente ligado ao poder e, consequentemente, é decisivo para a democracia e os seus valores. A desigualdade social, a crise dos valores democráticos e as violações dos direitos humanos estão ligadas, de uma forma ou de outra, à utilização social do conhecimento. Por conseguinte, a questão do conhecimento, embora hoje esteja sobretudo associada à educação e à universidade, não é uma questão puramente educativa que possa ser vista isoladamente dos problemas mais vastos da sociedade contemporânea, das suas instituições, dos seus valores morais e da sua qualidade.

O saber constitui sobretudo um meio de poder e de dominação no espaço da sociedade, bem como no espaço da universidade, que é a primeira e principal instituição que o produz e difunde na sociedade. Deste ponto de vista, os trabalhos de Michel Foucault, que demonstraram que o conhecimento e o poder são inseparáveis, na medida em que um reforça o outro e tem um impacto em toda a gama de relações sociais (Halsay et al., 2003), são de importância vital. Do mesmo modo, Claudia Lenz salienta que "as sociedades democráticas sustentáveis precisam de cidadãos conscientes da relação entre conhecimento e poder... Consequentemente, a educação tem de se dirigir aos aprendentes não só como receptores mas também como produtores de conhecimento. Para o conseguir, a educação tem de ser um espaço em que os aprendentes recebem instrumentos para investigar e negociar o conhecimento" (Lenz, 2011: 22).

Consequentemente, é demonstrada a relação direta do conhecimento com a necessidade de um discurso universitário crítico que promova a instituição universitária como uma esfera pública democrática e uma fonte vital de educação cívica. A universidade, devido ao facto de ser a principal instituição no seio da qual se pode fomentar um modo de pensar crítico que levanta questões relativas aos fundamentos teóricos e morais do conhecimento e à relatividade da verdade, foi considerada o campo mais importante para a avaliação crítica do conhecimento.

O problema da relação entre o conhecimento científico e o conhecimento moral, os valores humanos e a democracia não é novo e tem sido salientado por investigadores nas décadas anteriores (Janicaud, 1987). John Dewey foi um dos primeiros a relacionar a dimensão moral do conhecimento com a democracia e a cidadania, no início do século XX. Para Dewey, o conhecimento tem uma dimensão moral e está ligado à qualidade da vida humana, constituindo o núcleo do humanismo que caracteriza uma sociedade verdadeiramente democrática (Dalton, 2002: 14-16). Deste ponto de vista, Dewey foi um dos mais importantes pensadores contemporâneos que associou o conhecimento à democracia e influenciou a investigação posterior e o pensamento contemporâneo sobre o papel do conhecimento numa sociedade democrática.

Mais recentemente, desenvolveu-se um discurso sobre o ensino superior que se centra no papel moral da universidade e do conhecimento científico no que diz respeito ao cultivo da cidadania, ao reforço da democracia e à promoção da justiça social (Levin, 2006).

Nas últimas décadas, a questão do papel moral da universidade tem vindo a ser levantada com cada vez maior intensidade devido à enorme importância que o conhecimento científico adquiriu na sociedade contemporânea, o que coloca as universidades, os investigadores, os professores e os seus dirigentes perante enormes responsabilidades morais perante a sociedade democrática, os cidadãos e a humanidade.

Nos últimos anos, o debate no espaço académico sobre o ensino superior começou a centrar-se cada vez mais nos perigos para o crescimento democrático que estão ligados à disseminação da razão económica na vida social e na sociedade dos cidadãos, bem como nas instituições sociais vitais, como a universidade. Segundo alguns investigadores, numa sociedade democrática, o papel primordial da universidade é a criação de uma sociedade justa, crítica e solidária, persuadindo os seus cidadãos de que as causas públicas não são o mesmo que os interesses económicos (Newman, Courturier e Scurie, 2004). Além disso, outros investigadores defendem que a universidade deve promover principalmente programas úteis e causas públicas, não só através do desenvolvimento económico para a satisfação das necessidades materiais da sociedade, mas também através da formação de cidadãos críticos e activos (Taylor, Barr e Steele, 2002).

A questão que estas abordagens levantam é que a principal missão da universidade é promover o bem comum, a democracia e os valores democráticos através da formação de cidadãos activos, cuja principal caraterística deve ser a sua capacidade crítica. Consequentemente, um dos objectivos mais importantes da universidade moderna é a "moralização" do conhecimento que produz através do seu funcionamento crítico, através do qual a validade e a sustentabilidade das escolhas morais, tanto ao nível da produção do conhecimento como ao nível da sua utilização e utilidade públicas, podem ser examinadas e investigadas. A predominância da agenda económica na universidade contemporânea que se tem verificado nas últimas décadas coloca em segundo plano o desenvolvimento da democracia, o que tem reacendido a discussão internacional sobre o papel social da universidade e a necessidade de encontrar um equilíbrio entre a sua relação com o mercado e a sua missão democrática.

5.3 A Universidade entre a lógica do mercado e as necessidades da democracia

A viragem da universidade para o mercado e a entrada de representantes do mercado na governação da universidade, que analisámos no capítulo anterior, têm eco, em grande medida, no afastamento da universidade da sua missão democrática. Esta viragem deu origem a um debate público nas democracias liberais, que levantou a questão de saber se a universidade deve servir, em primeiro lugar, a economia ou a democracia, e até que ponto é possível um compromisso. Este debate provoca essencialmente um dilema que, de um ponto de vista, não é novo, uma vez que a democracia, sobretudo após a Segunda Guerra Mundial, e o crescimento do Estado-providência, estão estreitamente ligados ao crescimento económico.

Hoje em dia, é comum dizer-se que sem crescimento económico e sem a garantia de um nível de vida satisfatório para os cidadãos, a própria democracia não pode funcionar eficazmente, se a coerência social e a sua legitimação como sistema político forem enfraquecidas. Martin Lipset foi um dos primeiros pensadores a sublinhar a importância do desenvolvimento económico para a legitimação e o reforço da democracia (Lipset, 1959), enquanto que, segundo estudos posteriores, o desenvolvimento económico favorece o emprego e apoia as políticas de redistribuição, reforçando assim a legitimidade da democracia, uma vez que os cidadãos estão satisfeitos com o seu funcionamento (Ethier, 1999).

Derek Bok, referindo-se ao papel da universidade na sociedade americana, colocava a questão de "como construir uma sociedade que combine uma economia saudável e em crescimento com uma medida adequada de segurança e bem-estar para os seus cidadãos... e "atualmente, estamos a vacilar em ambos os aspectos deste empreendimento" (Bok, 1990: 4-5). Esta questão permanece val id hoje, e ocupa as sociedades democráticas ocidentais, uma vez que se percebeu que sem desenvolvimento económico não é possível nem o emprego nem a coesão social, nem mesmo a manutenção do estado social a níveis satisfatórios, algo que, pelo menos na Europa, está diretamente ligado aos direitos democráticos dos cidadãos e à legitimidade da democracia.

A questão da relação entre as necessidades do mercado e as necessidades da sociedade democrática e dos seus cidadãos constitui um campo de conflito ideológico e político permanente nas sociedades democráticas contemporâneas, principalmente entre as políticas neoliberais e os defensores do Estado social. Por outro lado, vale a pena notar que, de tempos a tempos, tem havido um acordo entre os principais poderes políticos nas sociedades democráticas do Ocidente, relativamente à crença de que a educação é a chave para a riqueza económica e, por extensão, para a melhoria da vida dos cidadãos, algo que reforçaria a legitimidade dos governos (Drucker, 1993).

No período que estamos a atravessar, este acordo foi quebrado principalmente devido ao domínio do modelo neoliberal na economia, facto que provoca tensão nas justaposições ideológicas, principalmente nas sociedades democráticas ocidentais. O domínio do modelo neo-liberal na economia teve efeitos importantes na universidade e no papel que esta é chamada a desempenhar ao nível da economia e da utilização social do conhecimento que produz e, por extensão, da democracia. A viragem do Estado e, por extensão, da universidade para o mercado, apesar dos efeitos positivos que possa ter para o aumento da riqueza global e do emprego, transformou a universidade numa instituição colonizada, segundo Habermas, pelas prioridades do Estado e pelos imperativos da economia (Fleming, 2006: 104). Outros autores, como Apple e Beane e, mais recentemente, Aronowitz, defendem o mesmo ponto de vista, acreditando que os interesses da indústria e das empresas são os objectivos preeminentes dos sistemas educativos (Apple et al, 1995; Aronowitz, 2008). Mais recentemente, referindo-se sobretudo ao ensino superior americano, Martha Nussbaum afirmou que a universidade é organizada e governada principalmente como uma empresa comercial que visa, como afirmou recentemente, o lucro direto e não a promoção de bens públicos que sirvam a sociedade democrática, os cidadãos e as suas necessidades.

Segundo Nussbaum, a valorização económica dos estudos universitários faz com que a sociedade se afaste do objetivo de crescimento que incorporará a provisão de bens públicos fundamentais que contribuirão para a construção de uma sociedade democrática com igualitarismo, justiça e dignidade para todos os cidadãos. Isto é claro pelo facto de a universidade, depois de ter colocado um grande peso nas competências que ajudam o funcionamento do sistema económico e a produtividade, ser agora levada a relegar o cultivo intelectual, moral e político dos cidadãos e, em última análise, a desvalorizar a cidadania ativa. Esta relegação resulta da posição secundária, ainda mais evidente, que as ciências humanas ocupam nas universidades actuais, a nível internacional, enquanto estudos "inúteis". A mesma tendência pode ser observada no espaço europeu, como vimos no segundo capítulo.

Nussbaum considera que a desvalorização das ciências humanas nas universidades contemporâneas e o reforço das ciências através do seu financiamento orientado para o lucro e para o crescimento económico resulta no enfraquecimento da educação democrática dos cidadãos e na desvalorização de competências essenciais para a cooperação em condições de igualdade, a solidariedade, a atitude crítica, a responsabilidade social, a disposição lógica e a compreensão mútua entre as pessoas. Embora reconheça que os estudos humanísticos, na economia e na realidade geopolítica actuais, conduzem ao desemprego dos diplomados destes departamentos universitários, a autora considera que a desvalorização dos estudos humanísticos será catastrófica para o futuro da sociedade democrática (Nussbaum, 2010). Vale a pena notar que Pierre Bourdieu tinha expressado uma posição semelhante. Defendeu a importância das ciências sociais e, em particular, da "sociologia para o desenvolvimento de uma ação política verdadeiramente democrática" e, de facto, em comparação com o papel altamente carregado dos economistas e da economia nas decisões dos governos (Bourdieu, 1996).

As atitudes de Nussbaum, tal como as de Bourdieu, fazem eco de uma profunda e, na realidade, antiga contradição ideológica, que se exprime não só na universidade mas em todos os sectores da vida pública, entre os partidários do paradigma neoliberal dominante e os partidários de uma sociedade democrática desenvolvida. Este conflito regressa hoje com especial intensidade e provoca conflitos ideológicos e dilemas político-morais, nos quais a universidade se vê inevitavelmente envolvida.

O dilema a que nos referimos acima entre, por um lado, a necessidade de crescimento económico e, por outro, a necessidade de satisfazer as necessidades dos cidadãos e de crescimento democrático, ressurge uma vez mais, embora em termos e circunstâncias diferentes. Num ambiente económico global extremamente competitivo para a sobrevivência de cada organismo, a questão que se coloca é a seguinte: como é possível encontrar um equilíbrio e um compromisso ou uma combinação adequada entre o papel económico e o papel sócio-democrático da universidade, de modo a que o principal objetivo da sociedade democrática, que é um bom nível de vida para todos os cidadãos, possa ser alcançado?

Na realidade, porém, como afirma Nussbaum, não somos obrigados a escolher entre uma universidade que promove o lucro e uma universidade que promove a formação de bons cidadãos, uma vez que uma boa economia exige as mesmas competências que são exigidas à cidadania. Trata-se de competências como a relação interactiva, a comunicação e a cooperação, a sensibilidade e a atitude positiva perante a diferença e a capacidade de questionar as relações de poder, que formam uma malha de competências do cidadão que são, ao mesmo tempo, competências económicas, pois contribuem para a eficiência económica. Por conseguinte, de acordo com esta abordagem, o desenvolvimento das competências democráticas poderia contribuir indiretamente para o crescimento de uma economia forte que serviria toda a sociedade democrática e as necessidades dos cidadãos, e não apenas as necessidades do mercado capitalista. Por extensão, as ciências humanas não só não prejudicam o crescimento económico, como são um instrumento importante para o seu sucesso e, ao mesmo tempo, para o reforço da democracia. Desta forma, é possível alcançar o equilíbrio entre os dois lados do dilema a que nos referimos anteriormente.

Seguindo a problemática de Nussbaum, poder-se-ia afirmar que, para que tal equilíbrio seja alcançado e para que o papel social e democrático da universidade seja reforçado, é de vital importância o reforço, através das ciências humanas, de uma pedagogia democrática e crítica que vise a implementação de valores democráticos na vida real da comunidade universitária, facto que poderia ter um impacto positivo tanto na economia como na democracia e na sociedade em geral.

Hoje em dia, nas democracias ocidentais, há uma forte aceitação do facto de que a participação dos cidadãos nos assuntos públicos, bem como o seu gozo de direitos iguais, estão em declínio e, consequentemente, coloca-se a questão de saber como é que a democracia pode ser reavivada. Como é que a universidade pode servir a democracia? Como se podem pôr em marcha as mudanças necessárias na universidade, num mundo que está a mudar rapidamente, para que ela possa contribuir para o crescimento democrático? Em que direção deve a universidade mudar, especialmente no que diz respeito ao conhecimento produzido e à forma como este é utilizado no processo de aprendizagem, de modo a criar melhores condições para o cultivo e a emancipação do cidadão democrático? Qual é o papel da pedagogia crítica e dos professores na democratização da universidade?

5.4 Pedagogia crítica, professores e democratização da Universidade

No início do século [XX], William Rainey Harper escreveu: *A universidade, defendo, é o profeta da democracia, a agência estabelecida pelo próprio céu para proclamar os princípios da democracia [...] a universidade é a escola profética da qual saem os professores que devem conduzir a democracia no verdadeiro caminho [......] é a universidade que deve guiar a democracia para os novos campos das artes, da literatura e da ciência [...] a universidade, sustento, é o intérprete profético da democracia; o profeta do seu passado, em todas as suas vicissitudes; o profeta do seu presente, em toda a sua complexidade; o profeta do futuro, em todas as suas possibilidades* (Harper, 1905: 19-20).

A posição que Harper expressou no início do século XX para a universidade, para além do idealismo limitado que a define, atribui à instituição um papel vital no crescimento da sociedade democrática, principalmente através do conhecimento científico e da aprendizagem democrática, que ele acredita que deve ser assumido pelos professores. Para ele, a universidade é uma instituição que determina toda a educação e que, por sua vez, constitui a base de todo o progresso democrático. A sua ideia básica é que a universidade tem um papel pedagógico vital em tudo o que diz respeito à formação de professores a todos os níveis, cuja missão é orientar os jovens para a democracia e, consequentemente, o sistema educativo na sua totalidade é visto como um pilar para o crescimento da democracia. Esta ideia de Harper é não só um dos mais importantes legados da modernidade, mas também um dos pontos de vista apoiados por muitos pensadores posteriores.

Sabemos que a tradição da modernidade considerava a educação uma condição essencial para o progresso da sociedade e para a emancipação dos cidadãos e, por isso, estava intimamente ligada à democracia. Esta emancipação pode ser alcançada, em primeiro lugar, na universidade, onde o exame crítico do conhecimento é mais forte do que em qualquer outra instituição. O desenvolvimento da pedagogia crítica no espaço do ensino superior é um pré-requisito básico para a emancipação dos cidadãos e o apoio à democracia, uma vez que pode ligar a educação às exigências de uma democracia crítica. Consequentemente, a emancipação dos cidadãos requer, em primeiro lugar, a competência do discurso crítico, através do qual os sujeitos podem compreender que o conhecimento não é objetivo, mas uma construção social e que está ligado a poderes que se desenvolvem em todos os espaços e instituições da sociedade (Giroux, 2003).

A ideia de pedagogia crítica, como atitude ativa face ao conhecimento e como questionamento da sua utilização no desenvolvimento de relações de poder, permeia o pensamento de Habermas, uma vez que ele acreditava que o objetivo da universidade é promover e satisfazer as necessidades da sociedade democrática, através do raciocínio crítico. Habermas, na sua teoria social crítica, apoiou o potencial para uma forma de vida social mais justa e mais democrática através de uma aprendizagem democrática emancipatória e reformadora, que se pode desenvolver principalmente no espaço da universidade. Segundo Habermas, a universidade funciona como uma instituição que promove a transmissão crítica da cultura, da consciência política e da integração social. O papel da universidade é ser moldada como uma comunidade de prática comunicativa no âmbito da qual o domínio do discurso instrumental pode ser enfraquecido e o discurso crítico pode ser desenvolvido através do qual a emancipação e a mudança social podem surgir (Fleming, 2006:112-113). Fleming salienta que, através dos argumentos de Habermas, podemos ver a universidade como uma comunidade de razão e de crítica social que questiona a posição monopolizadora da economia na vida das pessoas, bem como a visão de que as necessidades da sociedade só podem ser satisfeitas através do crescimento económico.

Deste ponto de vista, o pensamento crítico é um pré-requisito fundamental para que seja possível um exame sobre a validade e os objectivos que servem os conhecimentos científicos que as universidades produzem. Para que esta atividade crítica se realize, a universidade pode criar as condições adequadas para uma sociedade democrática, que existem no nosso entendimento da universidade como uma sociedade de ação comunicativa, como uma comunidade de prática comunicativa. Para Habermas, conclui Fleming, a universidade é um mundo da vida, colonizado pela economia e pelo Estado, e precisa de ser descolonizado através do diálogo livre e crítico.

A abordagem de Habermas à universidade como espaço de desenvolvimento da comunicação racional livre, da competência crítica e da prática, entendida como ação humana racional, remete para uma emancipação do indivíduo e do seu potencial para dirigir livremente a sua ação e, em última análise, para reformar o seu mundo social. Por conseguinte, a universidade constitui o trampolim e a base para a construção de uma sociedade democrática que não se limita à universidade, mas que se estende a todas as suas instituições. Nesta perspetiva, o indivíduo é transformado num sujeito de mudança social, ou seja, num sujeito capaz de agir não só no seio da universidade, mas em todas as instituições sociais, com o objetivo de reforçar as caraterísticas democráticas da sociedade através da mudança das atitudes e práticas antidemocráticas que estão ligadas às relações sociais.

Trata-se de uma perceção da universidade e da educação em geral, segundo a qual a democracia não se limita ao nível das decisões políticas, mas é uma preocupação de todos os cidadãos, uma vez que todos têm um interesse bem compreendido na construção de uma sociedade democrática, na transformação da sociedade em todas as suas instituições e em todos os seus aspectos.

Esta perceção da educação e da democracia segue a tradição do pensamento democrático de que John Dewey foi um dos pioneiros.

Dewey defendia que a educação constitui um processo contínuo que se difunde por todas as instituições e domínios sociais e visa aquilo que ele próprio definiu como um "modo de vida democrático", caracterizado pela livre comunicação e por experiências livres (Dewey, 1916). Esta perceção da educação está logicamente ligada à sua perceção da democracia, que ele considera ser, antes de mais, uma forma de governação, bem como uma forma de associação humana, que cria incessantemente uma experiência mais livre e mais humana que todos partilham e para a qual todos contribuem (Dewey, 1897). Na medida em que a democracia não se limita ao nível político, é um assunto de todos e não apenas da elite política. As posições que Dewey desenvolve propõem uma forma de pensar e um método para compreender o papel que a educação em geral, e a universidade em particular, são chamadas a desempenhar atualmente.

A ideia principal de Dewey, de que a democracia é um modo de vida que abarca todos os aspectos da sociedade e que a educação democrática deve, de igual modo, ser dirigida a todas as instituições, evidencia claramente que o espaço da educação deve constituir uma continuidade espacial com o exterior, o mundo social e, consequentemente, é uma atividade que diz respeito a todas as instituições e a todos os cidadãos. Por outras palavras, é, necessariamente, uma atividade de cidadãos activos e democráticos que serão activados em todas as instituições e aspectos da vida social, actuando como pedagogos da democracia (Jenlink, 2009).

Dewey vê os professores como trabalhadores sociais e culturais ao serviço da sociedade democrática e dos seus objectivos morais. Mais especificamente, o papel dos professores é contribuir para o cultivo de disposições mentais e emocionais que são adquiridas através da razão e formam o cidadão ativo e responsável. Para Dewey é importante que os líderes educativos sejam formados através do uso democrático do conhecimento, ou seja, um conhecimento que esteja ao serviço de uma sociedade democrática e não do mercado (Jenlink, 2009: 37). Dewey coloca a tónica numa liderança educativa que utilizará o conhecimento no quadro de uma pedagogia crítica e que se traduzirá na prática com vista à mudança social e à promoção dos ideais democráticos.

A questão que aqui se coloca é a de saber se a universidade pode, e em que condições, promover a democracia através do exercício de uma liderança educativa tal como Dewey a pretende, ou seja, uma liderança em que todos os membros da comunidade universitária são activados como trabalhadores sociais e culturais, visando, através da comunicação e do conhecimento pedagógico crítico, a reforma social e a promoção de um modo de vida democrático na universidade e também na sociedade.

O tema da liderança educativa, embora não seja novo, reapareceu nos últimos anos na bibliografia internacional e acredita-se que constitui um dos factores mais significativos não só para a governação eficiente das organizações educativas, mas também para o fortalecimento da democracia e o cultivo de valores democráticos na universidade e, por extensão, em toda a sociedade. Para o efeito, examinaremos também em que condições e em que medida uma direção democrática da universidade educativa pode contribuir para a democratização da universidade.

5.5 A liderança educativa e a Universidade: teoria e realidade

Nos últimos anos, a teoria da democracia tem ocupado em grande medida a investigação internacional, enquanto o tema da relação da liderança com a democracia tem sido relativamente negligenciado. Isto pode ser explicado pelo facto de o conceito de liderança ser difícil de conciliar com o conceito de democracia. Por exemplo, a liderança, no seu sentido tradicional (liderança forte), ou seja, como o poder de impor a vontade do líder, opõe-se ao conceito democrático de igualdade, bem como de liberdade. A capacidade do líder para fazer valer a sua vontade está intimamente ligada à autoridade que lhe permite coordenar e organizar a ação político-colectiva, o que exige que tome decisões e tenha o poder de as fazer valer. A autoridade do líder para tomar decisões e para as fazer cumprir é suportada pela estrutura legal/burocrática do poder que exerce e, consequentemente, tem a capacidade, bem como o dever, de tomar decisões anti-democráticas, ou seja, decisões que não têm o consentimento dos governados. Consequentemente, o conceito de liderança opõe-se à democracia (Danoff, 2010).

Por outro lado, é óbvio que o líder, através das suas práticas, molda valores e objectivos, mostra-nos o que é desejável e encoraja-nos a adotar certos ideais. Nesta perspetiva, o líder pode moldar as regras da vida social que constituem um ponto de referência para as práticas que os membros de uma comunidade ou instituição devem seguir e, consequentemente, desempenha um papel pedagógico. Desde que o líder seja visto como um indivíduo que defende o bem comum e o interesse público ou que incorpora regras e valores, como por exemplo os valores democráticos, e os promove através das suas práticas, então pode considerar-se que o líder está a ensinar democracia.

A questão que se coloca é a de saber se existem tipos de liderança que possam reforçar a democracia através de uma pedagogia que tenda a promover os valores democráticos e a estabelecer práticas democráticas nas organizações educativas, incluindo a universidade.

Brian Danoff, inspirado na ideia de "moralista" democrático de Alexis de Tocqueville, defendeu o conceito de intelectual público que exerce uma liderança democrática na medida em que visa a educação moral e política do cidadão (liderança educativa), e, portanto, representa uma espécie de liderança educativa (Danoff, 2010: capítulo 5). Uma liderança deste tipo é uma liderança público-altruísta que vê os interesses da sociedade como idênticos aos seus próprios interesses e, consequentemente, dirige-se a todos os cidadãos, como os trabalhadores, os pais, os estudantes e todos os indivíduos que actuam na esfera pública. Uma tal liderança educativa pode ser democrática se tiver como objetivo a educação moral e política do povo e o desenvolvimento de competências e percepções que estão implícitas no raciocínio democrático. A liderança educativa, neste sentido, pode ser exercida em qualquer grupo, comunidade ou organização, como as unidades escolares e as instituições educativas e, consequentemente, também na universidade. Tal liderança é inspirada por objectivos morais e trabalha para a realização dos objectivos morais da sociedade democrática, com um raciocínio semelhante ao expresso por pensadores como Dewey.

Muitos estudiosos associaram a liderança educativa a objectivos democráticos como a liberdade e a justiça social, a formação cultural e moral do cidadão ativo (Grace, 2003), a racionalidade decisória em todo o corpo educativo (Woods, 2005), a livre troca de ideias por todos os membros da comunidade educativa (Trafford, 2003), ou a distribuição de papéis de liderança, deveres, responsabilidade e participação nos eventos educativos por todos os membros da organização educativa (Harris, 2014).

Algumas destas teorias centram-se na formação do cidadão democrático contemporâneo e no desenvolvimento de uma cultura democrática. No entanto, a maioria delas refere-se, em termos gerais, aos organismos educativos, descrevendo, ao que parece, o papel coordenador e organizativo da liderança educativa no que diz respeito à ação colectiva, e não o seu papel educativo e as suas caraterísticas pedagógicas, essenciais para a promoção da democracia nesses organismos.

Segundo alguns, tais teorias tendem simplesmente a propor um conjunto de relações sem explicar ou investigar as dimensões mais profundas dessas relações no seio das quais os sujeitos interagem, de modo a dar substância à liderança educativa (Dimmock & Walker, 2005). Estas teorias tendem essencialmente a promover uma situação ideacional nos organismos educativos sem ter em conta as suas caraterísticas sociológicas, como as estruturas hierárquicas, a cultura e os interesses, e sobretudo sem incorporar uma teoria de mudança e de reforma das suas relações internas de poder através de uma racionalidade crítica (Woods, 2005: 117).

Por outro lado, as abordagens da liderança universitária que se desenvolveram nos últimos anos colocam a tónica na eficiência dos organismos educativos, que é entendida principalmente em termos económicos e, além disso, é contrária à democracia, como vimos no primeiro capítulo. Esta tendência surgiu nos anos 90 e está ligada ao crescimento de estruturas de gestão mais fortes e a uma forte tendência para o abandono do modelo democrático-compensatório ou participativo, o que pode ser atribuído à convicção dos governos "de que as instituições de ensino superior devem assumir a responsabilidade pelo seu próprio futuro" e "...são convidadas a demonstrar uma utilização eficaz dos recursos e que os objectivos fixados foram atingidos" (Brawn e Merrien, 1999: 14). A eficiência da gestão universitária é colocada como o principal objetivo do seu funcionamento, em nome do qual parece que a sua missão democrática é abandonada em favor do princípio da responsabilidade. No entanto, o objetivo de uma gestão eficiente não significa necessariamente que ela seja considerada incompatível com certos elementos da democracia, que, no entanto, são entendidos mais como instrumentos para uma maior eficiência do que para a promoção da democracia.

Assim, as tendências mais recentes no espaço académico incorporam o desenvolvimento da comunicação, a cultura organizacional ou mesmo a participação dos estudantes na governação universitária (Bergan et al., 2011). No entanto, mesmo quando a criatividade, os valores comuns, a mudança no quadro de processos democráticos, ou a participação ativa dos membros da comunidade universitária na produção de conhecimento são incluídos entre os objectivos da liderança académica, eles são orientados principalmente para a adaptação da universidade às condições do ambiente externo e não lhe atribuem um papel vital no desenvolvimento da democracia dentro dela e na sua difusão na sociedade (Hendrickson et al., 2013).

Esta tendência reflecte ao mesmo tempo a gestão real das universidades actuais, onde a ênfase é colocada em primeiro lugar na sua eficiência económica em combinação com certos elementos democráticos, como o coletivismo e a representatividade da comunidade universitária na tomada de decisões, bem como a participação dos parceiros sociais, incluindo representantes do mercado. Este facto sugere que o conceito de eficiência na governação universitária adquire hoje um significado quase exclusivamente económico (Kladis, 2011). Neste sentido, a eficiência tem prioridade quase absoluta sobre os objectivos democráticos, aos quais estes últimos estão, em última análise, subordinados e que são chamados a servir. Assim, na sua essência, a liderança é reduzida a uma forma de governação, com elementos democráticos superficiais.

Obviamente, o que mais preocupa a governação dos organismos académicos hoje em dia é a sua gestão eficiente e a sua adaptabilidade ao ambiente económico, e não o desenvolvimento da democracia no seu seio. É igualmente claro que vêem a democracia mais como uma ferramenta e um meio para a eficiência da sua gestão do que como um objetivo moral. Parece que se confirmam as críticas que Habermas, Apple e Nussbaum, bem como outros, expressaram relativamente ao domínio do mercado nos sistemas educativos, principalmente na universidade, nas últimas décadas.

Além disso, esta perceção é ditada pela ideia de que a democracia é contrária à eficiência dos organismos educativos e que a entrada das forças de mercado na educação será benéfica para estes. Tem-se afirmado, por exemplo, que a liderança democrática educativa tende a ser burocratizada e, por isso, não consegue promover os objectivos das unidades educativas e a eficácia académica, e que uma liderança educativa forte pode atingir melhor os objectivos académicos em condições de mercado que a liderança educativa deve servir (Grace, 2003).

É um facto que a burocracia dos organismos educativos, especialmente das universidades, principalmente devido às suas enormes dimensões, é um problema que as teorias da liderança educativa democrática no seu conjunto não têm tido em conta e, deste ponto de vista, é um problema e uma barreira ao crescimento da democracia na universidade e à sua promoção na sociedade. A burocracia dos órgãos educativos em combinação com o crescimento das relações de poder através da utilização económica do conhecimento colocam enormes obstáculos ao crescimento de uma cultura democrática através do exercício da versão de liderança que Dewey desenvolveu, que é idêntica à ativação de toda a comunidade educativa e ao seu alistamento nos ideais democráticos.

Já nas décadas anteriores, o poder das universidades para se comprometerem com os valores humanos e promoverem a democracia tinha sido posto em causa, devido à sua burocracia. Jim Binder já tinha afirmado, nos anos 80, que na universidade "...se observa o crescimento de burocracias educativas que recompensam os professores por aulas apressadas e sujas [...] sem mostrarem qualquer interesse na sua missão educativa", e que um dos principais problemas que as universidades enfrentam hoje em dia é ".a falta de empenho no profissional académico como resultado do enorme crescimento das universidades, que cria pessoas da organização em vez de professores dedicados" (Binder, 1984: 29-30). Binder afirmou ainda que, nestas condições, a liberdade e a responsabilidade são minadas e os valores burocráticos, como a produtividade, o formalismo, a ordem e a conformidade, são promovidos.

Quase duas décadas depois, a situação não parece ter mudado radicalmente: de acordo com Frank Plantan, autor do Relatório Geral Final (2002) do projeto do Conselho da Europa "Universidades como locais de cidadania e responsabilidade cívica", os resultados da investigação do projeto em questão mostram que "Tanto o corpo docente como os estudantes, mesmo em locais com mecanismos de participação relativamente bem desenvolvidos, foram geralmente considerados como tendo altos níveis de cinismo e apatia sobre a extensão da tomada de decisões democráticas e a sua capacidade de influenciar o processo" (Plantan, 2002: 64). A investigação também concluiu que "embora os constituintes da universidade acreditem na tomada de decisões democrática, concordam geralmente "que a universidade não actua como uma democracia" devido a demasiada hierarquia, burocracia e processos de exclusão" (Plantan, 2002: 66).

Hoje em dia, a universidade mantém muitas destas caraterísticas, embora a burocracia tradicional se tenha alterado e os professores-produtores de conhecimento tenham conseguido uma importante autonomia em relação às estruturas burocráticas, devido ao valor económico que a investigação universitária e a excelência académica adquiriram. Simultaneamente, o poder dos professores-produtores de conhecimento foi reforçado, na medida em que conservam o poder de escolher os estudantes-colegas mais dotados, reproduzindo assim o elitismo no espaço da universidade e, para manter as suas vantagens, criam equipas que controlam através do desenvolvimento de estruturas burocráticas profissionais comparativamente independentes. Este poder permite-lhes exercer uma influência significativa na governação da universidade, bem como na sua vida quotidiana. Segundo Isabelle Barth, nas universidades actuais, desenvolveram-se grupos de interesse fechados (clãs), que estabeleceram uma espécie de "feudalismo universitário" e cujo objetivo é a manutenção do sistema. A liderança universitária assume a forma do poder das "competências" em nome da excelência académica, desvalorizando, no entanto, a excelência pedagógica, o que leva à criação de estruturas inflexíveis e conservadoras que tendem a reproduzir o sistema e a reagir à mudança, bem como à reforma, que, segundo Barth, são consideradas impossíveis exatamente porque ameaçam os interesses estabelecidos (Barth, 2013).

A crise democrática em que se encontra a universidade contemporânea, apesar da retórica ou dos programas e intervenções educativas que se podem observar, por exemplo, no espaço da União Europeia, foi ainda reforçada pela lógica económica do neoliberalismo que hoje predomina na economia capitalista e que influenciou decisivamente a realidade sociológica da instituição universitária. O predomínio dos interesses, das estratégias parciais e das práticas autoritárias em detrimento do bem comum moldou, no seio da universidade, uma comunidade onde a democracia e os valores humanos são marginalizados e onde os poderes que lhe são conferidos são utilizados mais como um disfarce e um elemento legitimador do seu poder do que como uma prioridade moral. Nestas circunstâncias, o papel do professor e, especialmente, da liderança educativa na universidade choca com uma dolorosa e inelutável realidade económica e ociológica que não deixa muito espaço para mudanças substanciais na universidade.

5.6 Conclusões

É óbvio que a democratização da universidade enfrenta dificuldades insuperáveis, não só devido ao crescimento das estruturas burocráticas internas, mas também devido ao predomínio de uma lógica económica no que diz respeito à utilização do conhecimento e aos programas de estudo, nos quais, como vimos, se observa uma desvalorização das ciências sociais. Embora os fenómenos acima mencionados sejam mais ou menos comuns a todas as universidades ocidentais, pensamos que a democratização da universidade está interligada sobretudo com as peculiaridades e caraterísticas de cada país, uma vez que as universidades, enquanto instituições culturais, estão inseridas na sociedade. As conclusões do projeto do Conselho da Europa "As universidades como locais de cidadania e de responsabilidade cívica", a que nos referimos acima, mostram que a democratização da universidade é uma questão complexa e está repleta de uma enorme variedade de problemas e obstáculos. Entre estes, a cultura política, as estruturas e tradições políticas e sociais, as condições económicas nacionais mais amplas, bem como as estruturas dentro da instituição universitária, constituem frequentemente barreiras à mudança e desempenham um papel decisivo na capacidade da universidade para promover valores democráticos ou um maior empenhamento cívico.

No que diz respeito às caraterísticas nacionais, vimos no capítulo anterior que, no caso da universidade grega, o facciosismo e o clientelismo que caracterizam a administração pública em geral, também podem ser observados no espaço do ensino superior. Além disso, vimos que o ensino dos direitos humanos tem sido negligenciado no ensino superior tanto pelas próprias universidades como pela política oficial do Estado, um facto que pode ser atribuído tanto à cultura política nacional como às percepções sociais estabelecidas e a uma "cultura de desinteresse". Estas percepções estão ligadas e reforçadas, como afirmámos no segundo capítulo, pela predominância de uma visão da democratização da universidade que se restringe à "democratização do acesso", no sentido da massificação da universidade. Essa "massificação" foi o resultado de ambições sociais cultivadas não com base nas necessidades reais da economia ou visando o cultivo democrático dos estudantes, mas com base na necessidade do sistema clientelista de responder às demandas sociais que ele mesmo havia criado através de sua retórica. No entanto, a massificação da universidade desta forma não é uma particularidade grega, mas observa-se em todo o mundo, com a diferença de que, ao contrário da Grécia, noutros lugares está ligada principalmente às necessidades da economia.

É verdade que, nas décadas anteriores, a democratização das universidades esteve sobretudo ligada à abertura do acesso ao ensino superior para a população. O crescimento da economia criou durante algum tempo novas necessidades de emprego, elemento que está ligado ao alargamento do acesso à universidade, criando assim condições para a evolução social, na medida em que o alargamento do acesso facilitava o acesso dos filhos das classes mais baixas ao ensino superior.

Hoje em dia, o interesse deslocou-se para uma governação universitária eficiente, que é vista principalmente em termos de lucro económico, ao mesmo tempo que são incorporados certos elementos de democracia, como a participação e a representação da sociedade na governação universitária. Neste quadro, a democracia não é um valor ou um fim em si, mas serve a eficiência económica, em detrimento das ciências humanas e sociais, que constituem o pilar da missão democrática da universidade. Esta tendência parece caraterizar mais ou menos as universidades a nível mundial.

Os organismos internacionais, como a OCDE, por exemplo, avaliam o futuro das universidades actuais, direta e indiretamente, de acordo com critérios económicos, como o benefício económico, o crescimento económico, as competências profissionais, a liderança eficiente e a excelência, sem qualquer referência ao crescimento da democracia (Glass, 2013, 2014). Por outro lado, tanto no quadro das instituições comunitárias como no quadro da criação do EEES, a coesão social, a cidadania ativa, o desenvolvimento de valores comuns para a salvaguarda da democracia, bem como a dimensão social dos estudos podem ser objectivos e, muitas vezes, consoante os tempos, marginalizados, na medida em que a dimensão económica se sobrepõe a tudo e predomina. Assim, quaisquer que sejam as disposições relativas à democracia, elas são mais manifestos gerais ou apelos aos governos para que promovam a democracia nas instituições educativas nacionais do que programas ou intervenções coordenadas que visem reformas democráticas substanciais. É evidente que, atualmente, a democracia na universidade não é um valor em si e não faz parte das suas prioridades. Nesta perspetiva, a democracia na universidade e, em geral, nos sistemas educativos das democracias ocidentais, está muito longe da visão que Dewey, bem como pensadores posteriores como Aronowitz, Habermas e Nussbaum, desenvolveram. É verdade que a atual mudança no ensino superior para as exigências do mercado é ditada por uma situação global terrível, sobretudo económica. No entanto, o futuro da democracia dependerá, em grande medida, da capacidade das universidades para ligar estas necessidades às necessidades da sociedade democrática e dos seus cidadãos.

Referências

Aggelopoulos, G. (*2013/* Políticas de promoção da interdisciplinaridade. Para uma tipologia da interdisciplinaridade em programas de estudos de pós-graduação em universidades gregas. Tese de doutoramento. Patras: Universidade de Patras.

Anchan, P. J. (2015). Uma introdução à democratização do Ensino Superior. Em Patrick Blessinger e John P. Anchan (eds), *Democratizing Higher Education,* Nova Iorque: Routledge, 1 - 14.

Anderson, R.D (2004). *Universidades Europeias. From the Enlightenment to 1914.* Oxford: Oxford University Press.

Apple, M.W. & J.A. Beane (eds.) (1995). *Democratic Schools.* Alexandria, VA: Association for Supervision and Curriculum Development.

Aronowitz, S. (2008). *Against Schooling - Towards an Education That Matters [Contra a Escolarização - Para uma Educação que Importa].* Boulder, Colorado: Paradigm Publishers.

Balias, S. (2013). *Universidade, Cidadania e Direitos Humanos. Estudo sobre a Introdução da Educação para os Direitos Humanos e a Cidadania nos Programas de Estudo dos Departamentos Pedagógicos 1995-2010.* Patras: Publicações da Universidade de Patras (em grego). [Estudo financiado pelo "Programa Karatheodoris" da Universidade de Patras].

Barrera, D. e V. M. Soares (2010). *Promoção da prática democrática: A Selfassessment Guide for Higher Education (Série sobre o ensino superior do Conselho da Europa, n.º 14).* Estrasburgo: Publicações do Conselho da Europa.

Bergan, S. (2004). Prefácio. Em S. Bergan (ed), *The University as Res Publica.* Strasburg: Editora do Conselho da Europa.

Bergan, S. (2011). *Not By Bread Alone. (Série sobre o ensino superior do Conselho da Europa, n.º 17).* Strasburg: Publicações do Conselho da Europa.

Bergan, S. e H. van't Land (eds) (2010). *Speaking Across Borders: The Role of Higher Education In Furthering Intercultural Dialogue (O papel do ensino superior na promoção do diálogo intercultural). (Série sobre o ensino superior do Conselho da Europa, n.º 16).* Estrasburgo: Publicações do Conselho da Europa.

Bergan, S. & R. Damian (eds) (2010). *Ensino Superior para as Sociedades Modernas: Competências e Valores. (Série sobre o ensino superior do Conselho da Europa, n.º*

15). Estrasburgo: Publicações do Conselho da Europa.

Bergan, S., E. Ergon-Polak, J. Kohler, L. Purser & M. Vucasovic, (eds). (2011). *Leadership and Governance in Higher Education - Handbook for Decision Makers and Administrators.* Berlin: Raabe Academic Publishers.

Binder, J. (1984). Que futuro, universidade ou burocracia?, *Innovative Higher Education,* 8 (1), 29 - 37.

Birnbaum, R. (2003). The end of shared governance: looking ahead or looking back, ERIC: 1-31.

Blessinger, P. (2015). O futuro do ensino superior: rumo a uma teoria democrática do ensino superior. Em Patrick Blessinger e John P. Anchan (eds), *Democratizing Higher Education,* Nova Iorque: Routledge, 199 - 213.

Bok, D. (1990). *Universities and The Future of America [As Universidades e o Futuro da América].* Durham: Duke University Press.

Boland, J. A. (2005). Student participation in shared governance: A means of advancing democratic values?, *Tertiary Education and Management,* 11: 199-217.

Bourdieu, P. (1996). Sociologia e democracia. *Tribune Libre, n.º* 3.

Bourdieu, P. (2002). Pour un mouvement social européen. In *L 'euro sans Europe, Manière de voir.* Le monde diplomatique, Janvier-février.

Braun, D. (1999). New managerialism and the governance of universities in a comparative perspective. In D.Braun, F.X. Merrien (eds), *Towards a New Model of Governance for Universities? A Comparative View,* London and Philadelphia: Jessica Kingsley Publishers, 239 - 261.

Brawn, B. & F.X. Merrien (1999). Governance of universities and modernization of the state. Em D.Braun, F.X. Merrien (eds), *Towards a New Model of Governance for Universities?* London and Philadelphia: Jessica Kingsley Publishers.

CHEPS (2008a). *Reforma da Governação. Volume 1: Resumo executivo do relatório principal.* Bruxelas.

CHEPS (2008b). *Governação e Reforma do Financiamento. Volume 2: Methodology, Performance Data, Literature Survey, National System Analyses and Case Studies.* Bruxelas.

Conseil de l'Europe (2005). *Estudo paneuropeu das políticas de educação para a cidadania democrática.* Estrasburgo : Editions du Conseil de l'Europe.

Conseil de l'Europe (2010). *Carta do Conselho da Europa sobre a Educação para a Cidadania Democrática e os Direitos do Homem.* Estrasburgo: Éditions du Conseil de l'Europe.

Conselho da Europa (2009). *Como todos os professores podem apoiar a educação para a cidadania e os direitos humanos: Um quadro para o desenvolvimento de competências*. Estrasburgo: Conselho da Europa Publicações.

Conselho da Europa (2013*). Viver com Dignidade no Século XXI - Pobreza e Desigualdade nas Sociedades de Direitos Humanos: O Paradoxo das Democracias.* Strasburg: Publicações do Conselho da Europa.

Conselho da Europa CDCS (2010). 23ª reunião, Estrasburgo: 24-25/2/2010.

Dalton, C. Th. (2002). *Tornando-se John Dewey. Dilemas de um filósofo e naturalista.* E.U.A.: Indiana University Press.

Danoff, B. (2010). *Educar a democracia. Alexis de Tocqueville And Leadership in America.* New York: State University of N.Y. Press, Albany.

David, M., V.Hey, & L. Morely (eds) (2011). Challenge, change or crisis in global higher education, edição especial *Contemporary Social Science: Journal of the Academy of Social Sciences 6* (2).

De Boer, H. (2007). Change and continuity in Dutch internal university governance and management, in Towards a cartography of higher education policy change, A Festschrift in Honour of Guy Neave, University of Twente, The Netherlands: CHEPS, 31 - 37.

Dewey, J. (1897). *The Political Writings.* Indianapolis & Cambridge: Hackett Publishing.

Dewey, J. (1916). *Democracy and Education.* Massachussets: IndyPublish.

Di Simone, M. R. (1996). Admissão. Em W. Ruegg, (ed.) *A History of The University in Europe, vol. II, Universities in Early Modern Europe (1500-1800),* Cambridge: Cambridge University Press: 285 - 325.

Dimmock, C., & A. Walker (2005). *Educational Leadership-Culture and Diversity (Liderança Educacional - Cultura e Diversidade).* Londres: Sage Publications.

Drucker, P. (1993). *Post-capitalism Society.* Londres: Butterworth-Heinemann.

Duderstadt, J.J. (2014). Universidades de investigação para cumprir a sua promessa global. Em L. E. Weber e J.J. Duderstadt (eds), *Preparing Universities for an Era of*

Change, Paris: Economica, 3 - 13.

Estermann, T. & A.L. Clayes-Kulik (2013). *Universidades financeiramente sustentáveis. Full-Costing: Progress and Practice.* Bruxelas: EUA Publications.

Estermann, T., E. Benetot Pruvot & A.L. Clayes-Kulik (2013). *Designing Strategies for Efficient Funding of Higher Education in Europe* . Bruxelas: EUA Publications.

Ethier, D. (1999). Does economic adjustment affect the legitimacy of democracies? *International Journal of Comparative Sociology, Vol 40, No1:* 425 - 453.

Comissão Europeia. (1991). *Memorando sobre o ensino superior na Comunidade Europeia.* COM (91) 349 final. Bruxelas.

Comissão Europeia. (2011). *Modernização do ensino superior na Europa. Financiamento e dimensão social.* Bruxelas.

Comissão Europeia. (2012). *Educação para a cidadania na Europa.* Bruxelas.

Comissão Europeia. (2013). *Rumo a um Painel de Avaliação da Mobilidade: Condições para aprender no estrangeiro na Europa.* Bruxelas.

Comissão Europeia. (2014). *Efeitos da Mobilidade nas Competências e Empregabilidade dos Estudantes e na Internacionalização das Instituições de Ensino Superior.* Bruxelas.

Comissão Europeia/EACEA/Eurydice (2015). *O Espaço Europeu do Ensino Superior em 2015: Relatório de Implementação do Processo de Bolonha.* Luxemburgo: Serviço das Publicações da União Europeia.

União Europeia dos Estudantes (ESU) (2010a). *Aprendizagem Centrada no Estudante. Análise de inquéritos para a aprendizagem centrada no estudante.* Bucareste.

União Europeia dos Estudantes (ESU) (2010b). *Aprendizagem centrada no estudante. An Insight into Theory and Practice.* Bucharest.

União Europeia dos Estudantes (ESU) (2010c). *Aprendizagem centrada no estudante. Toolkit for Students, Staff and Higher Education Institutions.* Bruxelas.

Eurydice (2000). *Two Decades of Reform in Higher Education in Europe: 1980 Onwards. Grécia, Descrição Nacional,* Bruxelas.

Evans, N. (2003). *Making Sense of Lifelong Learning.* Nova Iorque: Routledge-Falmer.

Feidas, Ch. (2014). O estado dos salários dos professores universitários na Grécia.

Universidade Aristóteles de Tessalónica (em grego).

Fleming, T. (2006). A universidade e a democracia: Habermas, educação de adultos e sociedade de aprendizagem. Em T.A.F. Kelly (ed.), *What Price The University? Perspectives on The Meaning and Value of Higher Education.* Da Universidade Nacional da Irlanda Maynooth. Maynooth: Departamento de Filosofia, 81-95.

Gerbod, P. (2004). Relações com a autoridade. Em W.Ruegg (editor geral), *A History of the University in Europe, vol. III,* W. Ruegg (ed), *Universities in the Nineteenth and Early Twentieth Centuries (1800-1945),* Cambridge: Cambridge University Press, 83 - 100.

Gibbons, M. et al.(1994). *The New Production of Knowledge. The Dynamics of Science and Research in Contemporary Societies.* Londres: Sage Publications.

Giroux, H. (2003). Cruzando as fronteiras do discurso educacional: modernismo, pós-modernismo e feminismo. Em A.H. Halsey, H. Lauder, Ph. Brown, & A.S. Wells, *Education : Culture, Economy, Society.* New York: Oxford University Press, 113 - 130.

Giroux, H. (2014). *A guerra do neoliberalismo no ensino superior.* Chicago: Haymarket Books.

Glass, A. (ed) (2013). *O Estado do Ensino Superior.* OECD.

Glass, A. (ed) (2014). *O Estado do Ensino Superior.* OCDE.

Gabinetes do Governo da Suécia (2007). *Questões-chave para o Espaço Europeu do Ensino Superior - Dimensão Social e Mobilidade.* Relatório do grupo de trabalho do processo de Bolonha sobre a dimensão social e dados sobre a mobilidade do pessoal e dos estudantes nos países participantes.

Grace, G. (2003). Politics, markets, and democratic schools: on the transformation of school leadership. Em A.H. Halsay, H. Lauder, Ph. Brown, & A.S. Wells, *Education: Culture, Economy, Society.* New York: Oxford University Press, 311 - 319.

Habermas, J. (1971). *Toward a Rational Society. Student Protest, Science, and Politics.* Londres: Heimann.

Habermas, J. (2013). A crise europeia e a Europa social democracia, solidariedade e a crise europeia. In *Rumo a uma Europa social.* A.M. Grozelier, B. Hacker, W. Kowalsky, J. Machnig, H. Meyer e B. Unger (eds). Relatório sobre a Europa Social, 4-13.

Halsay, A., H. Lauder, Ph. Brown & A.S. Wells (2003). A transformação da educação e da sociedade: uma introdução. Em A. Halsay, H. Lauder, Ph. Brown, & A.S. Wells, *Education: Culture, Economy, Society.* New York: Oxford University Press, 1 - 44.

Harper, W. R. (1905). *The Trend in Higher Education.* Chicago: Chicago University Press.

Harris, A. (2014). *A liderança distribuída é importante: Perspectivas, aspectos práticos e potencial.* Califórnia: Corwin.

Hendrickson, R. M., J. E. Lane, J. T Harris & R. H Dorman (2013). *Liderança Académica e Governação do Ensino Superior.* Sterling: Stylus Publishers.

Henkel, M. & B. Little (1999). Observações finais. Em M. Henkel & B. Little (eds), *Changing Relationships Between Higher Education and The State.* London and Philadelphia: Jessica Kingsley Publishers, 338 - 343.

Huber, J. & P. Mompoint - Gaillard (2011). Prefácio. Em J. Huber & P. Mompoint - Gaillard (eds), *Teacher Education for Change: The Theory Behind The Council of Europe Pestalozzi Programme (Pestalozzi Series no 1).* Strasburg: Editora do Conselho da Europa.

Huisman, J., H. De Boer & L. Goedegebuure (2006). The perception of participation in executive governance structures in Dutch universities, *Tertiary Education and Management,* 12: 227-239.

Huisman, J & M. Van der Werde (2004). *Sobre cooperação e concorrência. Políticas nacionais e europeias para a internacionalização do ensino superior.* Bona: Lemmens.

Huisman, J & M. Van der Werde (2005). *Sobre Cooperação e Concorrência II. Institutional Responses to Internationalization, Europeanisation and Globalization.* Bona: Lemmens.

Humber, J. & I. Harkavy (eds) (2007*). Ensino Superior e Cultura Democrática: Citizenship, Human Rights and Civic Responsibility (Série sobre o ensino superior do Conselho da Europa, n.º 8).* Strasburg: Publicações do Conselho da Europa.

Instituto Thomas More (2009). *Vers Quel Classement Européen des Universités? Estudo comparativo da classificação de Xangai e de outras classificações internacionais.* Nota de Benchmarking 4. Bruxelles.

Janicaud, D. (1987). *Les Pouvoirs de la Science: un Siècle de Prise de Conscience.* Paris: J. Vrin.

Jarausch, K.H. (1983). Ensino superior e mudança social: algumas perspectivas comparativas. Em K. H. Jarausch (ed), *The Transformation of Higher Learning (18601930). Expansion, Diversification, Social Opening and Professionalization in England, Germany, Russia, and the United States.* Estugarda: Klett Cotta, 9 - 36.

Jenlink, P. M. (ed.) (2009). *Dewey's Democracy and Education Revisited. Contemporary Discourses for Democratic Education and Leadership* . Nova Iorque: Rowman & Littlefield Education.

Karalis, Th. e St. Balias (2007). Cidadania e aprendizagem ao longo da vida nas sociedades democráticas modernas. *To Vima ton Koinonikon Epistimon (em grego), n.º 50*:143 - 161 (em grego).

Kavasakalis, Aggelos (2011). As universidades gregas e a avaliação. Garantia da qualidade no espaço europeu do ensino superior. Tese de doutoramento. Patras: Universidade de Patras.

Kavasakalis, A. & G. Stamelos (2014). *O EEES e a Garantia da Qualidade nas Universidades Gregas: A twofold inquiry.* Saarbrücken: LAMBERT Academic Publishing.

Kiprianos, P. (1995). Diplômes et Etat: sur la passion de l'école dans la Grèce contemporaine, *Revue Tiers Monde,* vol. 143 : 598-619.

Kladis, D. (2006). A dimensão social do processo de Bolonha: princípios e conceitos. No *Manual de Bolonha.* Suplemento I, setembro de 2006, Editores EUA e RAABE Academic Publishers.

Kladis, D. (2011). Democracia vs. eficiência na governação do ensino superior. Em *Leadership and Governance in Higher Education Handbook,* Volume I, março de 2011, Editores CoE, IAU e RAABE Academic Publishers, 1 - 22.

Kladis, D. (2012). Governação universitária: democracia e/ou eficiência? *Revista Academia, uma publicação da Rede de Ensino Superior,* vol. 2. No. 1:5-29.

Klemencic, M. (2012). As concepções em mudança da participação dos estudantes na governação do ensino superior no EEES. Em Adrian Curaj, Sir Peter Scott, Lazär Vlasceanu, Lesley Wilson (eds), *European Higher Education at The crossroads - Between the Bologna Process and National Reforms.* Heidelberg: Springer: 631 - 653.

Kohler, J., J. Huber, & S. Bergan (eds) (2006). *Higher Education Governance Between Democratic Culture, Academic Aspirations and Market Force (A Governação do Ensino Superior entre a Cultura Democrática, as Aspirações Académicas e a Força do Mercado).* Série Ensino Superior do Conselho da Europa. Strasbourg.

Lambrianidis, L. (2012). Highly skilled migration: what differentiates the 'brains' who ares drained from those return in the case of Greece?". Population, *Space and Place. 19:* 472 - 486.

Lapworth, S. (2004). Arresting decline in shared governance: Towards a flexible model for academic participation, *Higher Education Quarterly,* vol. 58, October: 299-314.

Larsen, I. M., P. Maassen & B. Stensaker (2009). Four basic dilemmas in university governance reform, *Higher Education Management and Policy,* volume 21/3, OCDE: 1-18.

Laval, Ch. et al. (2012). *La Nouvelle Ecole Capitaliste.* Paris: La Découverte.

Lenz, C. (2011). O papel fundamental da educação para sociedades democráticas sustentáveis. Em J. Huber & P. Mompoint - Gaillard (eds), *Teacher Education for Change: A teoria subjacente ao Programa Pestalozzi do Conselho da Europa.* Série Pestalozzi, n.º 1. Strasburg: Editora do Conselho da Europa, 17 - 24.

Levin, Y. (2006). O desafio moral da ciência moderna. *A Nova Atlântida No 14* : 32 - 46.

Lipset, S. M. (1959). Some social requisites of democracy: Economic development and political legitimacy. *The American Political Science Review,* vol. 53, No 1: 69 - 105.

Liu, N.C. & Y. Cheng (2005). Academic ranking of world universities - Methodologies and problems, *Higher Education in Europe,* 30(2). http://citeseerx.ist.psu.edu/viewdoc/download7doiM0.1.1.126.3066&rep=rep1&type=pdf

Lockwood, J (2011). Gestão e recursos . Em W. Ruegg (editor geral), *A History of the University in Europe, vol. IV,* W.Ruegg (ed), *Universities since 1945,* Cambridge: Cambridge University Press, 124 - 160.

Menon, M. E. (2005). Students' views regarding their participation in university governance: implications for distributed leadership in higher education, *Tertiary Education and Management,* 11: 167-182.

Moutsios, S. (2013). A deseuropeização da universidade no âmbito do processo de Bolonha, *Tese Onze* 119(1): 22-46.

Mouzelis, N. (2002). *Da mudança à modernização.* Atenas: Themelio. (Em grego).

Newman, F., L. Couturier & J. Scurie (2004). *O Futuro do Ensino Superior: Rhetoric,*

Reality and The Risks of The Market (Retórica, Realidade e os Riscos do Mercado). São Francisco: Jossey-Bass.

Nussbaum, M. C. (2010). *Not For Profit: Why Democracy Needs The Humanities.* Princeton: Princeton University Press.

OCDE, (2004). *Education at a Glance 2004,* Paris: OCDE.

OCDE, (2011). *Conselhos de política educativa para a Grécia. Strong Performers and Successful Reformers in Education.* Paris: OCDE.

OCDE. (2013a). *Avaliação dos resultados de aprendizagem do ensino superior. Feasibility Study Report. Volume 2 - Análise de dados e experiências nacionais.* Paris: OCDE.

OCDE (2013b). *Avaliação dos resultados de aprendizagem do ensino superior. Relatório do estudo de viabilidade.* Volume 3 - Further Insights. Paris: OCDE.

OCDE, (2015), *Education at a Glance 2015,* Paris: OCDE.

Olsen, J. & P. Maassen (2007). Debates europeus sobre a instituição do conhecimento: A modernização da universidade a nível europeu. Em P. Maassen & J. Olsen (eds), *University Dynamics and European Integration.* Dordrecht: Springer, 3 - 23.

Olsen, M. & M. A. Peters (2005). Neoliberalism, higher education and the knowledge economy: from the free market to knowledge capitalism, *Journal of Education Policy,* 20 (3): 313 -345.

Pitsou, Hariklea (2013). *Políticas das Nações Unidas sobre educação para os direitos humanos (1995-2009): implementação do modelo educativo da "pirâmide cognitiva" nos departamentos universitários gregos para professores e professores do ensino pré-escolar.* Tese de doutoramento. Patra: Universidade de Patras (em grego).

Planas, A., P. Soler, J. Fullana, M. Pallisera & M. Vila (2011). A participação dos estudantes na governação universitária: as opiniões de professores e alunos, *Estudos no Ensino Superior:* 1-13.

Plantan, F. (2002). As universidades como locais de cidadania e de responsabilidade cívica. In *Relatório Geral Final.* Estrasburgo: Conselho da Europa.

Ponten, A. (2007). O processo de Bolonha é para todos? A dimensão social - Uma questão-chave para o futuro do espaço europeu do ensino superior. *In Bologna Handbook,* Supplement VI, dezembro de 2007, Editores EUA e RAABE Academic Publishers.

Portelli, J.P. & A.B. Vibert (2013). Normalização e equidade na educação. Em W. Hare e J.P. Portelli (eds), *Philosophy of education: Introductory readings* (4th ed.). Edmonton AB: Brush Education.

Rhodes, F.H.T. (2007). O papel do ensino superior para uma cultura democrática sustentável. Em J. Humber e I. Harkavy (eds), *Higher Education and Democratic Culture: Citizenship, Human Rights and Civic Responsibility (Série sobre o ensino superior do Conselho da Europa, n.º 8).* Strasburg: Publicações do Conselho da Europa, 39 - 47.

Ringer, F. (1979) *Education and Society in Modern Europe,* Bloomington: Indiana University Press

Ruegg, W.& J. Sadlak (2011). Relações com a autoridade. Em W. Ruegg (editor geral), *A History of the University in Europe, vol. IV,* W. Ruegg (ed)*, Universities since 1945,* Cambridge: Cambridge University Press, 73 - 122.

Sanz, N. & S. Bergan (eds). (2007). *O Património das Universidades Europeias. (Série sobre o ensino superior do Conselho da Europa, n.º 7).* Estrasburgo: Publicações do Conselho da Europa.

Scott, P. (2007) The "Nationalisation of UK universities 1963-2007", em Towards a cartography of higher education policy change, A Festschrift in Honour of Guy Neave, Universidade de Twente, Países Baixos: CHEPS, 59 - 66.

Sianou - Kirgiou, E. (2010). *Da Universidade ao Mercado de Trabalho: Factos das Desigualdades Sociais.* Atenas: Metaixmio (em grego).

Simpson, J. S. (2014). *Ansiando por Justiça: O Ensino Superior e a Agenda da Democracia.* Toronto: University of Toronto Press.

Skarpalezos, A.K. (ed). (1964) *From the History of The University of Athens* (historical texts and historical data), Atenas (em grego).

Slaughter, S. & G. Rhoades (2009). *Academic Capitalism and The New Economy: Markets, State, and Higher Education [Mercados, Estado e Ensino Superior].* Baltimore, MD: John Hopkins University Press.

Stamelos, G. (1990). O fenómeno "estudante estrangeiro". O caso dos estudantes estrangeiros nas universidades francesas. Tese de Doutoramento Novo. Paris VIII. Paris.

Stamelos, G. (2009). *Política de Educação.* Atenas: Dionikos.

Stamelos, G. & A. Vassilopoulos. (2014). Les compétences comme notion normative : vers la construction du nouvel individu en UE et le rôle de l'université, *Penser l'éducation,* N.34 : 127 - 148.

Stamelos, G., A.Vassilopoulos & A. Kavasakalis (2015). *Introdução às políticas de educação.* Atenas: e-book Kallipso.

Stamelos, G. & K. Karanatsis (2002). Alusões ao passado e ao presente da Universidade Grega, introdução à edição grega do livro de RENAUT A., *Les revolutions de l'universite. Essai sur la modernisation de la culture.* Atenas: Gutenberg.

Sternsaker, B. (2012). Re-inventing shared governance - Implications for culture and identity, Keynote resented to the 34th FAIR Forum, University of Stavanger, 5-8th September: 1-17.

Stone, L. (1975). The size and composition of the Oxford student body, 15801910. Em L. Stone (ed), *The University in Society* I, Princeton: Princeton University Press, 3 - 119.

Taylor, R., J. Barr, & T. Steele (2002). *Para um Ensino Superior Radical: After Postmodernism.* Buckingham: Open University e Society for Research into Higher Education.

Trafford, B. (2003). *Conselhos de Escola, Democracia Escolar, Melhoria da Escola: Porquê, o quê, como.* Leicester: Secondary Heads Association.

Venieris, D. (2002). *Carta Social Europeia: A Política Social do Conselho da Europa.* Atenas: Ellinika Grammata. (em grego).

Vinokur, A. (2005). Avant-propos, *Cahiers de la recherché et sur l'éducation et les savoirs,* no 1: 7-13.

Vos, L. (2011). Movimento estudantil e ativismo político. Em W. Ruegg (editor geral), *A History of the University in Europe vol. IV,* W. Ruegg (ed), *Universities Since 1945,* Cambridge: Cambridge University Press, 276 - 318.

Weber, L. & S. Bergan (eds.) (2005). *A responsabilidade pública pelo ensino superior e pela investigação.* Conselho da Europa. Série Ensino Superior. No. 2. Strasbourg.

Woods, P. (2005). *Democratic Leadership In Education (Liderança Democrática na Educação).* Londres: Paul Chapman Publishing.

Referências electrónicas

Bacevic, J. (xxxx). Ensino superior e cidadania na Europa Central e do Sudeste: Exploring the links [em linha]. Disponível: http://www.herdata.org/public/JBacevic ECPR.pdf [15/2/2016].

Barth, I. (2013). L'impossible réforme de l'Université : une analyse par les sciences de gestion. http://blog.educpros.fr/isabelle barth/2013/05/21/ limpossible- reforme-de-luniversite-une-analyse-par-les-sciences-de-gestion

Conselho da Europa (2007). Termos de referência do Comité Europeu para a Coesão Social (CDSC) [em linha]. Disponível: https://wcd.coe.int/wcd/ViewDoc.jsp?id=1098735&Site=COE [10/2/2016].

Conselho da Europa (2007). Termos de referência do Comité Europeu das Migrações (CDMG) [em linha]. Disponível: https://wcd.coe.int/wcd/ViewDoc.jsp?id=1324501&Site=CM [10/2/2016].

Conselho da Europa (2008). Fórum por convite sobre competências convergentes: Diversidade, ensino superior e democracia sustentável [em linha]. Disponível: http: //www.coe. int/t/dg4/highereducation/Forum7 _Converging_competencesZProgramme_EN.pdf [14/2/2016].

Conselho da Europa (2010). Nova estratégia e plano de ação do Conselho da Europa para a coesão social [em linha]. Disponível: http://www.coe.int/t/dg3/ socialpolicies/ default en.asp [11 /2/2016].

Conselho da Europa (2011). Responsabilidade social partilhada: garantir a confiança e a coesão social sustentável num contexto de transição, Bruxelas: 28/2/2001-1/3/2011 [em linha]. Disponível: http://www.coe.int/ t/dg3/ default en.asp. [12/2/2016]

Eurostat, Statistics explained [em linha]. Disponível: http: //ec.europa.eu/ eurostat/statistics-explained/index.php/

Ficheiro:Number_of_tertiary_education_students,_2013_%28thousands%29_ET 15 .png

KANEP/GSEE (2016). Os números-chave da educação 2015. Atenas [em linha]. Disponível: http://www.kanep-gsee.gr/sitefiles/files/2015 ekth.pdf

Kiprianos, P., I. Kamarianos, G. Stamelos & S. Balias (2011). Market and the higher european educational policies: when the markets fail-the case of Greece, *Revista Educacao Skepsis,* n. 2, Sao Paulo, julho: skepsis.org:, 61-89 [on line]. Disponível: http://academiaskepsis.org/ revistaEducacao.html

Lambrianidis, L. (2013). A relação de reforço mútuo entre a migração internacional de mão de obra altamente qualificada e a crise económica: o caso da Grécia. *Estudos sobre a Europa do Sudeste e o Mar Negro.* 13(4): 525-551. DOI: 10.1080/14683857.2013.859814.

Labrianidis, L. (2014). Investing in leaving: the Treek case of international migration of professionals, *Mobilities,* 9 (2): 314-335. DOI:10.1080/17450101.2013.813723.

OCDE (2014). Education at a Glance 2014: OECD Indicators, OECD Publishing [em linha]. Disponível: http://dx.doi.org/10.1787/eag-2014-en

Stamelos G. (2014). A questão da legitimação social da universidade grega: origens históricas, desafios futuros (1974-hoje), *Academia,* 4(1): 200-236 [em linha]. Disponível: http://academia.lis.upatras.gr/index.php/academiaZarticle/view/2227/2346

Stamelos, G. & S. Paivandi (2015). Access to higher education in southern europe, *Academia,* 5(1): 1-17 [em linha]. Disponível: http://hepnet.upatras.gr/index.php/el/published/articles?format=pdf

Vitkova, E. (2013). Formação de professores para a mudança: Programa Pestalozzi [em linha]. Disponível: http://www.afs.org/blog/icl/?p=3474 [13/2/2016].

http://appsso.eurostat.ec.europa.eu/nui/submitViewT ableAction.do

http: //data.uis.unesco. org/Index.aspx?queryid= 172

http://www.imerisia. gr/article.asp?catid=26510&subid=2&pubid= 113706179

http://www.statistics.gr/el/statistics/-/publication/SJO01/

Printed by Books on Demand GmbH, Norderstedt / Germany